やなせたかし
Takashi Yanase

新装版
わたしが正義について語るなら

ポプラ新書
260

はじめに

ぼくに正義について語ってほしい、というインタビューを申し込まれたのがきっかけでできたのがこの本です。
ぼくは天才ではないし、優れた知性の人間でもありません。何をやらせても中ぐらい、偶然のことにたくさんの人たちに助けられながら長い間やってきて、今があります。

ぼくは今、九十歳。人生には、後から考えると分かることがたくさんあります。中学生くらいの時には、正義についてなんて何も考えていませんでした。夢中で読んでいた本のシリーズの中にヒーローがでてきていたけれど、かっこいいとかそのくらいにしか思っていなかった。

　でも後からアンパンマンを書くようになって、ぼくがはっきりと伝えたいと思ったのは本当の正義でした。自分では最初、そのことに気づいていなかったけれど、若い頃に兵隊に行って戦争を体験したことが大きく影響しています。戦争に行って、正義について考えるようになりました。

　今、ぼくたちが生きている社会は、世界の戦争や環境問題、不安な政治、殺人事件、怒りの気持ちになることが毎日起こっています。

　でもぼくは多くの人を喜ばせたい。

　この本も、ぼくはみなさんに楽しみながら読んでほしいと思います。正義についてなんて、一言であらわせる答えは分からないけれど、ぼくがアンパンマンや、たくさんのキャラクターを書く中で考えてきたことをお話ししてみます。

二〇〇九年秋

やなせたかし

執筆協力　瀬井裕子

わたしが正義について語るなら／目次

第2章　どうして正義をこう考えるようになったのか

著者からのメッセージ

第1章　正義の味方って本当にかっこいい？

正義の味方について考えてみよう

正義の味方と聞くと、みなさんは誰を思い浮かべますか？　アニメやマンガ、映画の中には正義の味方がたくさんいます。きっとそれぞれにお気に入りのヒーローを思い出したことでしょう。そのヒーローは、何か特別なパワーがあったり、技を持っていたりするかもしれません。

正義の味方ってどんな人なのか？　正義って何か？

それは一言では分かりません。答えは簡単ではないと思います。でもぼくはずっと、自分の思う正義をアンパンマンの世界に込めて描いてきました。

ぼくはマンガ家です。マンガ家といってもテレビや絵本などいろいろな仕事をしましたが、一番人気が出たのは「アンパンマン」です。

アンパンマンはもともと絵本で描いた作品がきっかけでテレビアニメや映画、キャラクターグッズになりました。みなさんの中にはアンパンマンのキャラクターを先に知った人も多いかもしれません。

正義についての考えは、アンパンマンが最初に絵本『あんぱんまん』になった時のあとがきに書いています。

まず、そのあとがきを読んでみてください。


子どもたちとおんなじに、ぼくもスーパーマンや仮面ものが大好きなのですが、いつもふしぎにおもうのは、大格闘しても着るものが破れないし汚れない、だれのためにたたかっているのか、よくわからないということです。

ほんとうの正義というものは、けっしてかっこうのいいものではないし、そしてそのためにかならず自分も深く傷つくものです。そしてそういう捨身、献身の心なくしては正義は行えませんし、また、私たちが現在、ほんとうに困っていることといえば物価高や、公害、飢えということで、正義の超人はそのためにこそ、たたかわねばならないのです。

あんぱんまんは、やけこげだらけのボロボロの、こげ茶色のマントを着て、ひっそりと、はずかしそうに登場します。自分を食べさせることによって、餓える人を救います。それでも顔は、気楽そうに笑っているのです。

さて、こんな、あんぱんまんを子どもたちは、好きになってくれるでしょうか。それとも、やはりテレビの人気者のほうがいいですか。

『あんぱんまん』（フレーベル館刊）より

これを書いたのは一九七三年ですから、もう今から三十年以上前ですね。最初に「あんぱんまん」を書いた時はまったく自信がなくて、子どもにはウケないだろうと思っていました。というのは、あんぱんまんの見た目があまりかっこよくないんですね。なにせ顔がアンパンだからね。特に最初に書いた「あんぱんまん」はぼろぼろマントだし、かっこよくない。だから読者にはウケないだろう、でも、餓えた子どもを助けることが一番大事なんだと思って書いたんです。

みなさんは、今は身近に戦争がないので本当に餓えることが分からないというかもしれません。でも、戦争じゃなくても飢えの体験は誰にでも起こります。例えば山の中で道に迷った人のニュースを聞くことがありますね。食べるものがなくて、谷川の水を飲んでやっと生き延びた人たちもいます。それから地震で家の下敷きになることだってありうる。その時に百万円をあげますと言われても全然嬉しくない。一切れのパン、一杯の水の方がずっと嬉しいはずです。飢えがどのくらい辛いかなんて、十日くらい食べないでいればすぐに分かります。

食べ物がないのは耐えられない

ぼくが飢えを実感したのは兵隊として戦争に行った時でした。兵隊は大変なんですよ。泥の中を這いずり回らなくてはいけませんし、毎日訓練もします。ぼくらは野戦銃砲隊という大砲の部隊で、大砲に一番大きな弾丸を込めて持って歩く。大砲は重いので、大変な重労働です。ヘトヘトになるんですね。

しかし若いから、重労働は一晩寝ればなんともない。それ以外にも辛い訓練があって毎日殴られるけれど、それにも耐えられる。

耐えられないのは何かというと、食べるものがないということだったのですね。それ以外のことは、けがをしても薬をつけていれば治るし、たいていのことは我慢できるのだけれど、ひもじいということには耐えられません。なんでもかんでも食べたくなっちゃう。一番辛いのは食べられない、餓えるということだったんです。

追いつめられれば人間でもなんでも食べたくなる。だから漂流した人が餓えた時に死んだ人を食べるという話を聞いても、納得できるんだよね。少しずつ削って食べたそうですけれど。自分が餓える体験をしてみて、餓えるのがいかに辛いかよく分かりました。

日本に帰ってみても、その当時の昭和二十年代は本当に食べるものがなかった。毎日食べていくのが大変な時代でした。戦争が終わって、アメリカのスーパーマンやスパイダーマン、いろんなヒーローがいっぱい出てきました。正義の味方だといって、どんどん人気が出た。ところが彼らは、餓えた人を助けに行くとか、そういうことは全然やらないのですね。

スーパーマンにもスパイダーマンにも敵対する悪い奴がいて、それをやっつけると正義が勝ったということになる。例えばウルトラマンは怪獣をやっつけます。怪獣は地球に害を与える奴だから、怪獣をやっつけると正義が勝ったということになる。

それからスーパーマンはやたら派手派手しい服を着てニューヨークを飛び回っています。その姿が変に思えたんだよね。餓えた子どもには何もやらないで自分のことだけアピールするコマーシャルみたい。

現在も、バングラデシュやエチオピア、ブラジル、いろいろな国にストリートチルドレンや飢え死にしている子どもがたくさんいます。どこかの国で戦争が起きると、戦争している国同士は両方正義だ、悪い奴をやっつけると正義が勝ったのだと言って戦っているけれど、子どもたちのことは見てやらない。そうして子どもたちは次々に死んでいますね。

だからぼくが何かをやるとしたら、まず餓えた子どもを助けることが大事だと思った。それが戦争を体験して感じた一番大きなことでした。

どっちが正義でどっちが悪？

戦争で感じた大事なことがもう一つあります。それは、正義というのはあやふやなものだということです。

ぼくが子どもの頃は、天皇は神様である、天皇のために忠義を尽くし、日本を愛しなさいと教えられていました。子どもですから、先生が言えばその通りだろう、それが正しいのだと思っていました。

二十一歳で戦争に行った当時は「天に代わりて不義を討つ」と歌う軍歌がありました。「この戦争は聖戦だ」と勇ましく歌う歌です。ぼくも兵隊になった時は、日本は中国を助けなくてはいけない、正義のために戦うのだと思って戦争に行ったのです。

でも、聖戦だと思って行った戦争だって、立場を変えてみればどうでしょう。中国の側から見れば侵略してくる日本は悪魔にしか見えません。

そうして日本が戦争に負け、すべてが終わると日本の社会はガラッと変化しました。

それまでの軍国主義から民主主義へ。それまでは天皇が神様だと言っていたのに、急にみんな平等だ、民主主義だと言われるようになりました。民主主義が何かということは本当はまだ誰にも分かっていませんでしたので、みんな右往左往していました。ぼくも状況がのみこめるまでぼんやりした感じでした。でも、だんだんはっきりと分かってきたことがあります。

正義のための戦いなんてどこにもないのです。

正義はある日突然逆転する。

逆転しない正義は献身と愛です。

それは言葉としては難しいかもしれないけれど、例えばもしも目の前で餓えている人がいれば一切れのパンを差し出すこと。それは戦争から戻った後、ぼくの基本的な考えの中心になりました。

正義が何かというのは難しい。後になってから気がつくことはあるけれど、その時には何が正しいのか分かりません。昨日まで正しいと思っていたことが、明日には悪に変わるかもしれない。戦争だって、両方とも光と影があって絶対的な悪があるのではない。アラブにはアラブの正義、イスラエルにはイスラエルの正義がある。相手をやっつければいいかというとそうはいかない。そんな簡単なものじゃない。このことはまた後で詳しくお話しします。

正義のヒーローはいつもみんなの人気者なのか？

「アンパンマン」に登場するキャラクターは、今では二千を超えています。最初は食べ物の関係だけにしようと思っていたけれど、だんだん増えて今ではゆうやけマンなんていうのもいます。

二千以上のキャラクターそれぞれに性格や特徴があるわけですが、正義の味方はなんといってもアンパンマン。そしてばいきんまんは正義の敵。アンパンマンとばいきんまんは、宿命の相手としていつも対決をしています。

だけど、子どもに一番人気があるのは正義の味方のアンパンマンかというとそうでもない。

昔から、ばいきんまんは結構人気があります。子どもたちは、ちょっと大きくなるとばいきんまんが好きになるみたい。

子どもでも誰でも本当は悪いことをしたいんですね。

お母さんに叱られるからとか、学校で決まりがあるからというのでやらないけど、本当は朝はもっと寝ていたいし、宿題もやりたくない。そういう悪いことをばいきんまんはガンガンやるので、子どものストレスを解消して、ウケることになっているのかもしれません。

アンパンマンは少し優等生なんですね。だから、読む人はどうしても暴れ回っている方に感情移入するというか、好きになってしまう部分が出てきます。いろいろな物語でも、悪人の方がかっこいい、素敵だとウケることがありますね。古典でいえば『宝島』の中に片目の海賊が出てくる。悪いやつだけど、主人公より人気があります。

もちろん、アンパンマンのファンは多いですよ。モテるタイプかモテないタイプか、と言えば一般的にモテます。特に小さい子どもはアンパンマンのことが非常に好きです。

女の子はメロンパンナとかロールパンナとかを好きだという話をよく聞きます。

ドキンちゃんは男に人気があるんですよ。手のつけられないワガママで、自分を美人だと思い込んでいる嫌な女でしょう。それが男、特に大きくなった大人の男に人気があるんです。男はみんな慎ましくて従順な女性を好きになるかというと、意外とそうでもないのですね。不思議ですが、そういうふうになっているんです。

最近、アンパンマンが少ししか出てこないで他のキャラクターばかりが活躍する話もあります。ところが、アンパンマンがいないと他のキャラクターが引き立たない。

みなさんがばいきんまんが好きとか、メロンパンナが好き、ドキンちゃんが好きとかいろいろ言うのは、アンパンマンと対比して好きということなのですね。

アンパンマンは太陽みたいな存在でね。みんなあまり気がついてないけど、アンパンマンに対比して他のキャラクターを好きになっているのですね。これはぼくも話を書き始めてから気がついたことだけど、アンパンマンはやっぱり主役で中心なのです。アンパンマンの光を受けて他のキャラクターはみんな生きている。一番光を受けているのはばいきんまんですが、他のキャラクターもみんな受けています。

その点でアンパンマンは非常に重要です。面白いキャラクターはたくさん出てくるんですけど、その時アンパンマンがいないとあまり面白くないのです。

悪を見破るのって難しい

ばいきんまんは悪役だけれど、ある面では愛嬌があるんです。よく変身して登場しますが、みなさんがご覧になると、一見してばいきんまんが変身していると分かるような変身の仕方なんだよね。

例えばジャムおじさんに変身すると、一目でばいきんまんが変身していると分かるのに、みんなが「あ、ジャムおじさん」と騙されてしまう。なんで分からないのか、作者のぼくが何回見ても不思議なくらいです。

アンパンマン側の人は人が良いのですね。そういうところが物語としての一種の面白さでもあるけれど、これは実は、現実の世界でも同じことがあるのです。

現実の世界のばいきんまんは、生活の中にたくさんいます。ばいきんのせいで病気になることだってよくあります。誰だって病気にはなりたくないから、はじめから病気になると分かっているような、ばいきんがたくさんあるところへは誰も行きません。

でも、ばいきんは、一目見てすぐには分からない。「しまった、あの時にうっかり」と思うような時に病気になります。

ばいきんまんを登場させた時にそこまでの意味を考えていたのではないですが、現実もそうだということなのです。

悪についてもうちょっと考えてみましょうか。悪いものは、いかにも悪い感じで現れるとは限りません。我々の社会は、なんであんなことで騙されるのだろうということで簡単に騙されるものなのです。

偽の子どもになりすまして電話をして、その親からお金を騙しとる事件があったでしょう。自分は絶対にあんなものでは騙されないと思っていても、あっさり騙されてしまう。自分がその場に立つと理性を失ってしまうのですね。悪を見破るのは簡単なことではありません。

騙すという行為は確かに良くないけれど、騙される側にも信じやすいとか、人が良すぎるとか、ややまずいところがある。だから詐欺罪は罪としては強盗傷害や殺人に比べると意外と軽いのです。だからあっていいかというと、あってはよくないんだけど。全員まっ正直というわけにもいかないというのが、この世の中なんだよね。

ばいきんまんは良い人に弱いんだ

ばいきんまんはよく失敗するんですよ。現実の世界でも時々、すっとんきょうな犯罪者がいて笑ってしまう時があるんだけど。ばいきんまんの場合は、何か悪いことをしても全部信じてしまう、誠意そのものというような人に会うと時々ダメになる。

いたずらっこにはそのようなところがありますね。ばいきんまんもいつも強いんじゃなく、天真爛漫な人、学校の先生みたいな人、それからお尻をペンペンして叱ってくれるような強いおばさんには意外とかなわなくなったりします。ばいきんまんが逆に感謝されることもある。この世界でもよくあることでね。やっつけようとして悪いことをしたのに実は役立ってしまうということが時としてあるんですね。

「アンパンマン」は、そういう部分が他の正義対悪の物語とはちょっと違うかもしれません。悪いのにも愛嬌があるし、すっとんきょうで失敗する。自分では世界で一番強いと思っているのに、なぜか負けてしまうんだね。

それはドキンちゃんにも言えることで、ドキンちゃんは自分が美人で自分を見る人は誰でも自分のことを好きになると思い込んでいるけれど、しょくぱんまんの前では可憐になるんだよね。そういう人、時々いますよね。

悪人といえども、全部まっくろの悪人じゃない。善人にも悪い魂はある、悪い人間にも善良な部分はある、ただ悪いやつには悪い分量が多すぎるというだけで、全部まっくろじゃない。

善良な方も全部まっしろではありません。完全に善の人はいない。もしそういう人がいると、とても気持ちの悪い、付き合いきれない人になるはずです。

ぼくは人間のそういう部分も書こうと思っています。その気持ちがキャラクターになったのがロールパンナです。ロールパンナは、生まれながらに暗い宿命を持った二重人格のキャラクターです。子ども向けの話だからと言って、善と悪の対決だけにしたくなかったのです。

ロールパンナについて

メロンパンナの、おねえちゃんがほしいという願いにこたえて、ジャムおじさんはロールパンナをつくります。

しかし、ばいきんまんがこっそりばいきんジュースをまぜたために、ロールパンナは良い心と悪い心のふたつのハートをもって生まれてきてしまいます。悪い心の時は、青いハートが輝いて、ばいきんまんの味方になり、メロンパンナの声を聞いて赤いハートが輝くと、良い心になるのです。

ぼくらはみんな、ロールパンナと同じように良い心と悪い心をもっています。いつも良い心が勝てばいいのですが、うっかりすると負けそうになります。さて、ロールパンナは悪い心に勝つことができるでしょうか。

（『アンパンマンとロールパンナ』（フレーベル館刊）作者のことばより）

悪い人にも正義感はある

世の中には、気の毒だけど悪の役をやらなくちゃいけない人もいるんですね。オオカミは悪党の役をやる代表格です。

他の動物を食ってしまいますからね。でも、そうしないとオオカミは生きられないじゃない。手塚治虫《てづかおさむ》の『ジャングル大帝』のライオンのように昆虫を育てて食べる物語もありますが、ライオンはどんなに優しくても弱い動物を食べないと生きられないのです。

弱肉強食というのはうまくできていて、自然の中の一つの流れに沿っているのですね。ネズミやウサギ、シカなどの弱い動物は数が多く、どんどん増えていきます。そして適当に間引かれてバランスが保たれていくようになっているのです。ある程度の間引きは必要悪なんです。強いライオンが弱い動物を食べているのは悪に見えるけれど、そうしないと増え過ぎてバランスが崩れてしまうのですね。

人間にも悪党役の人がいます。でも悪人の中にもある種の正義感はあって、完全な絶対悪というものはありません。

厚生労働省の元事務次官を襲撃する事件がありました。犯人に、犯行理由を聞いてみると、昔飼っていた犬の仇をうつためと言ったといいます。本当のところは分かりませんが、犯人は優しい心だって持っていたのだと思います。

ぼくが書いた絵本に『チリンのすず』という作品があります。

オオカミに両親を殺されたひつじのこども「チリン」が、そのオオカミに弟子入りして強くなり、最後には復讐してオオカミをたおす話です。

チリンのお母さんは、チリンをかばって死にました。オオカミはチリンが住んでいた牧場を襲って親を殺してしまった仇です。

でも、チリンがオオカミに弟子入りしようと「ぼくはこひつじのチリンです。ぼくもあなたのような強いオオカミになりたい。ぼくをあなたの弟子にしてください」とお願いに行くと、オオカミの心の中がふわーっとあたたかくなるのです。いつもは嫌われ者でそんなことを言われるのが初めてだったのですね。

チリンはオオカミの下で毎日強くなるために訓練をします。三年がたつと、チリンはすっかりたくましく育ち、どこから見てもひつじには見えないものすごいけだものになります。

そうしてある嵐の日、チリンはいよいよ仇をうつためにオオカミを裏切り、するどい角でオオカミを突き刺します。そうするとオオカミは、

「ずっと前からいつかこういう時が来ると覚悟していた。お前にやられて良かった。おれは喜んでいる」

と言いながら死んでいく。チリンは三年かけてお母さんの仇をとりました。ところが夜が明けた次の日の朝、チリンは、岩山の上で「ぼくの胸はちっとも晴れない」とうなだれます。オオカミが死んで初めて、オオカミは先生であり父のような存在であったことがチリンには分かったのです。

ものすごいけだものになったチリンは、もうひつじに戻ることはできません。

悪者は最初から最後まで完全に悪いわけではありません。

世の中にはある程度の悪がいつも必要なのです。現実の社会はそういうところが厳しい。ぼくはみなさんが社会に出る厳しさを思うと、そういう絵本も読んだ方がいいのではないかと思って『チリンのすず』を書きました。

この本は、多くの人たちに支持されて、ロングセラーになりました。

悪人は優しい心も持っている

悪人が持っている優しい心についてもう一つ、「フランケンシュタイン」のことも話したいと思います。みなさんは『フランケンシュタイン』の物語を知っていますか。

『フランケンシュタイン』は、フランケンシュタイン博士が作った人造人間の物語です。

フランケンシュタイン博士は、墓から人の死体を集めて人造人間を作りました。優秀な部分を取ってきましたから、頭がいいし、普通の人間よりもはるかに背が高く力もあります。でも、血管が浮き出ていて恐ろしい顔をしているために、誰からも恐れられ、嫌われてしまうのです。

人造人間は、名前をつけられることもなく、名前のない怪物としていつもひとりぼっちで苦しんでいます。

ひとりぼっちは辛いことですから、怪物はなんとかして言葉を覚え、歴史を勉強します。優しい家族のところへ木を切って運んだりもします。けれども顔が恐ろしいために、いつも人から怖がられ、その優しさは決して認められることがありません。

怪物はだんだん、自分にも仲間が欲しい、愛する女性が欲しいと望むようになり、フランケンシュタイン博士に仲間を作って欲しいとお願いします。

博士は願いを聞いて二人目の人造人間を作り始めますが、そこで悩んでしまいます。だって最初に自分が作った人造人間は、なんとも不気味な怪物だったのですから。自分が好きになれないものを一生懸命作ることはできません。悩んだ結果、博士は二人目の人造人間を作ることを途中でやめてしまいました。

この瞬間、怪物は永遠にひとりぼっちなのだと思い知らされます。恐ろしい顔のために人間の友達をつくることはできません。人造人間の仲間も作ってもらえない。決して仲間を得ることができない孤独さに怪物は絶望します。そうして怪物は、フランケンシュタイン博士への復讐を始めます。博士に復讐するためならば、何人だって人を殺すのです。

『フランケンシュタイン』は長い物語ですが、分かりやすく説明するとすれば、怪物のこの言葉に尽きると思います。

「俺は善意の人間だ、しかし作ったお前さえ俺を毛嫌いしている。なるほど俺は無力な者を殺しもした。しかし俺の苦悩はお前の苦悩よりなお大きいのだ」

『フランケンシュタイン』の原題には、『フランケンシュタイン、または現代のプロメテウス』(Frankenstein: Or, the Modern Prometheus)というサブタイトルがついています。プロメテウスというのは、ギリシャ神話に登場する神です。オリンポスの山に登り、火を盗んで人類に火を伝えたとされます。

現代では、原子力がよくプロメテウスに例えられます。人類は原子力を使うことができるようになって、多くのエネルギーを手に入れましたが、原子力は一度にすべてを破壊する悪魔のような力も持っています。コントロールできないと人類が破滅してしまうおぞましい怪物です。『フランケンシュタイン』は、科学の力によって博士が人造人間を作り出すことができた一方で、その人造人間が人を殺してしまう。科学の力が良い方と悪い方の両方に使われてしまうところから「プロメテウス」と言われています。

さて、みなさんはこのお話に出てくる怪物はどんな心を持っていたと思いますか。人を何人も殺して人に恐れられるけれども、心の中はそれを作り出した博士よりも苦しんでいる。

このことをとってみても、ぼくは悪人と言われている人の心がすべて悪ででできているとは思えないのです。悲しいけれども悪役をやらざるをえなくなっている人もいるのです。

アンパンマンの誕生には、後から考えると影響を受けたものがいくつかありますが、フランケンシュタインは、その中の一つでした。

若い時に『フランケンシュタイン』を読んでから、怪物の心の優しさや、ひとりぼっちの孤独さがずっと心の中に残っていたのだと思います。

ぼくがどうやってアンパンマンを正義の味方として書くようになったのか。子どもの頃のことから少しお話しします。

正義はある日突然逆転する。
逆転しない正義は献身と愛です。

第2章　どうして正義をこう考えるようになったのか

自然が溢れていた生まれ故郷の高知

　ぼくの生まれ故郷は高知県香美郡在所村《かみぐんざいしょむら》（現香美市《げんかみし》）朴《ほお》ノ木《き》といいます。高知市から西へ少し行ったところにある村で、今は町になっています。朴ノ木という地名については、多分あのあたりに朴ノ木がたくさん生えていたのだろうと思います。

　でも、今思えば非常に残念なのは、子どもの時は虫の宝庫の中にいたのにあまり昆虫に熱中しなかったんですね。あれに熱中してたらファーブルになれたのに。当時、頭のいい子やできる子はみんな昆虫少年になっていました。手塚治虫もそうですね。

　木だってやたら生えてたのに、ぼくは木の名前を覚えたりしなかった。それが残念ですね。

　田舎ですから、チャンバラをしたり、蛙を捕まえたり、魚やうなぎを釣ったりするのが遊びです。ぼくは絵を描くのが好きなおとなしい子でした。みんながチャンバラをやろうというと一緒に行くんですけど、主導権は取れなかった。

小学校の頃は勉強ができたので、級長になって朝礼の号令をかけたりしたのですが、遊び仲間のボスにはなれなかったんです。ベーゴマ、メンコ、野球、凧あげ等々すべてが下手でした。

ガキ大将になる素質がなくて学校の成績だけがいいというのは、子どもの社会では軽蔑されます。だからぼくはいつも伏し目がちではにかんでいたのです。

絵を描くのは好きだったけれど、手先は不器用でしたしね。工作はまったく駄目で、宿題だっていつも若い叔父に手伝ってもらっていました。今でも折り紙の鶴もちゃんと折ることができません。どうしてこんなに不器用なのか、自分でもあきれるくらい。一家中みんな手先は器用なのに、ぼくだけが不器用。これは本当に困りました。

五年生の時に工作の授業で竹トンボを作ることがあったのですね。設計図の通りに竹を削って、完成すると校庭に一列に並んで一緒に飛ばします。

農家の子どもたちはみんな上手なんですよ。竹細工のトンボは、ずいぶん遠くまで飛んでいました。みんな歓声をあげて目で追いかけていたけれど、ぼくの竹トンボは飛びませんでした。ポトンと足元に落ちてしまった。クラスでたった一人、ぼくの竹トンボだけが飛ばなかったのです。

　小学校の時の記憶はほとんど薄れて残っていないけれど、ポトンと落ちた竹トンボのことだけは忘れることがありません。今でも悲しくなります。

　子どもの頃から好奇心はある程度あったんだけど、勉強でも一番にはなれないし、どうしようもない。

　ただそういうものは、マンガを描いたりするのにはある程度役に立つんですね。劣等生の気持ちがよく分かるんです。例えば東大をトップで出た人間には分からないかもしれない。相手がどうしてこんなに簡単なことが分からないのか分からない。世の中のトップに立っている人は弱者のことは分からない。でもぼくは谷間を這いずり回っていたから、そういうことは分かります。

　小学校の時から読書は好きでした。お話が好き、絵を描くのも見るのも好き。当時夢中になったのは樺島勝一《かばしまかついち》の『正チャンの冒険』です。正チャンと相棒のリスの冒険のお話です。お話よりも何よりも、絵が素晴らしかった。今見ても垢抜けています。昭和初期は、どの小学校でも中学校でも、必ずクラスに一人ぐらいは樺島勝一模写少年がいました。

成人してから見直してみると、樺島勝一はイギリスの絵本挿絵画家アーサー・ラッカムの影響を強く受けていることが分かりました。アーサー・ラッカムは、一九〇〇年頃に『グリム童話』や『不思議の国のアリス』、『ピーターパン』など児童向けの作品の挿絵をたくさん描いた人です。

それから樺島勝一の樹木の描きかたはイギリスの画家ビアズリーを思わせるところもあります。

もちろん子どもの頃にはそんなことは理解できませんから、ただうっとりとして眺めていました。当時は、色白で黒目がち、唇が花のように愛らしい日本人形のような絵が流行していましたが、どうも好きになれなくて、バタくさいエキゾチックな絵が好きだったのですね。

正チャンはとにかくキャラクターが凄い。白い房のついたニット帽子（正ちゃん帽）、背広にネクタイ、半ズボンに長い靴下で革靴とくれば、当時の少年にとってはびっくりするくらいオシャレでダンディーなスタイルです。

ぼくは大人になってからベルギーのエルジュの名作『タンタンの冒険』に出会って大好きになりましたが、『正チャンの冒険』はタンタンと同じくらい世界的な名作として残ると思います。

ぼくのアンパンマンは『正チャンの冒険』と『タンタンの冒険』シリーズの影響も受けていることは間違いありません。

子どもの頃は絵を見るのが本当に大好きで、映画や芝居の絵看板、絵本の絵も夢中で見て、決して飽きることはありませんでした。

五歳の時に父が亡くなり、二つ年下の弟は伯父の家に養子になりましたから、母と祖母と三人暮らし。祖母がいつもぼくのことを、紙とクレヨンを用意しておけば何時間もひとりで遊んでいるから本当に楽だと来客に話していたのを覚えています。

祖母と母とぼくの三人暮らしは平和で楽しく、なんの不満もなかったのですが、ある日この生活がガラッと変わることになります。

ぼくと、そして弟と——伯父の家で住み始める

小学校二年生に進級したばかりの時、ぼくは高知県長岡郡《ながおかぐん》後免町《ごめんちょう》（今の南国市後免町）で内科小児科医院を開業していた伯父の家に連れていかれました。

母が伯父としばらく話した後でぼくに「嵩《たかし》（ぼくの本名）はしばらくここで暮らすのよ。病気があるから伯父さんに治してもらいなさい」と言ったのです。

この時のことを書いた詩があります。

母とのわかれ

ぼくらはある日
母とわかれた
ぼくらは身体がよわいから
よくなるまで
医者をしていた叔父の家に

あずかってもらう
と母にいわれた
「おじさんのいうことをよくきいて
はやくよくなるのよ
お母さんはすぐに
むかえにきますからね」
母はそういった
母は盛装して
白いパラソルをさしていた
秋のはじめのころだったかなあ
ぼくと弟は
素直に信じた
そして
母をおくっていった

母のパラソルは
蝶のように
麦畑の中を遠ざかっていった
母は何度かふりかえった
ぼくらは
そのたびに手をふった

「あなたのお母さんは
わるいひとや
こんなかわいい子どもをすてて
再婚するなんて」
しかし
ぼくらは信じた
母を信じた

「うそだい
病気をなおすんだい」
おとうとはそういったひとの手に
かみついた
本当のことがうすうす
わかりかけてきた頃になっても
ぼくらはずーっと信じていた
そして早く丈夫になろうと
冷水まさつをして
風邪をひいた

弟の千尋《ちひろ》のことはとてもいろいろな思いがあって、ぼくは「おとうとものがたり」という一連の詩を書いています。先ほどの母との別れの詩もその中の一つです。

弟はとても可愛らしく快活でした。一方のぼくは顔が良くないし、人見知り。強情でひねくれて子どものくせに妙に陰気で暗い。

それから弟は先に柳瀬家《やなせけ》の養子になっていたので奥の部屋で伯父夫婦と川の字で眠り、兄のぼくは玄関横のつめたい書生部屋で眠るという違いもありました。当時はあまり気にしてはいませんでしたが、何か子ども心に思うことがあったかもしれません。弟はぼくが戦争から戻った時、戦死していました。頭が良くて勉強ができ京都大学を卒業後、海軍特攻隊を志願していたのです。

弟との思い出はたくさんありますが、やっぱり仲良くしたことよりもけんかしたことを覚えているものですよね。

母の再婚。孤独を感じていた頃

ぼくの第二の父母となった伯父と伯母はとても良い人でした。ぼくはいつの間にか「お父さん」「お母さん」と呼ぶようになり、何も不自由なく育てられました。

でも子どもの時に伯父と伯母の愛が理解できていたとはいえません。たとえ肉親でも、実子ではない子どもを育てるのがどれだけ大変なことか、ずっと後になってから思い知りましたが、後悔しても手遅れで申し訳なく思います。

孤独で寂しい気持ちは絶えずあって、幼い頃はともかく、思春期と反抗期は相当グレて危険な精神状態にありました。毎日どうしてあんなに涙が出るのかというほど泣いていましたが、その原因はまったく覚えていません。

自殺しようとしたこともあります。

死のうと思って夜の線路に横たわりました。電車が近づくと怖くなって逃げ出したのですが……。

家出しようと、隣の木材所にずっと隠れていたこともあります。町の消防隊を中心にして捜索隊が組織され、ぼくの名前を口々に呼びながら捜しまわるという大騒動になり、出るに出られず本当に困りました。空腹に耐えられなくなって夜中の三時に家に帰ったのですけれどもね。

伯父は「よく帰ったな」と一言。伯母は泣きくずれて「もう二度と叱らない」

と言いましたが、ぼくがマンガ家になったずーっと後まで、ぼくの顔を見るたびに「あのときのタカちゃんは」と言われ続けることになります。

ときどきニュースで少年少女の自殺の記事を見かけます。ぼくには他人ごとではありません。一歩間違ったらぼくも死んでいたかもしれないと思う時があります。

大人になればとるに足らない些細なことも、小さな蟻にとってはちっぽけな水たまりが生命に関わるように、深く傷つき絶望してしまいます。そんなこともあって、ぼくはとても扱いにくい手のかかる子どもだったことは間違いありません。

ところが、中学校を卒業する頃からコトンと憑き物が落ちたように優しい性格になりました。特に兵隊に行って文字通り鍛え直されてからは温和になりました。伯母は「タカちゃんは、ずいぶん変わった」とよく言います。昔は手に負えなかったという意味でしょうね。

ところで、伯父が「柳瀬医院」を開業していたのは高知県（南国市）後免町です。子どもの頃に愛読した「少年倶楽部」に「日本珍駅名集」が載っていて「四国土讃線《どさんせん》に、電車が着くたびに駅員が『ごめん、ごめん』と謝っている『ごめん駅』がある」と記されていました。

その「ごめん駅」から直線距離で二百メートルのところにぼくは住んでいました。住んでいる時には、少しも珍名とは思っていませんでした。今は駅前町という名前になっていますが、まったく風情がありませんね。ごめん町の方がはるかに面白い。

柳瀬医院は町の中心部から少し外れて舟入川《ふないれがわ》を渡ったあたりにありました。隣が浜田酒店、前が高橋石材店、その隣は製材所で、舟入川を流してきた材木を製材していました。その隣は原っぱ。

子どもの遊び場としては絶好の地で、田んぼも畑も山もあって、小川では魚捕り、蛙を追いかけ、春は菜種とレンゲの花。

桃や桜の木が家の庭にあって、秋になれば曼珠沙華《まんじゅしゃげ》が一面に咲く。夕暮れには山のお寺の鐘が鳴り、月光燦々、夏には蛍の乱舞。日本の平均的な農村風景ですが、幼少時代をこの土地で過ごせたのは、幸運なことでした。忘れられない夕暮れもあります。

第二の父となった伯父は俳句を詠みました。オートバイにサイドカーをつけて田舎道をぶっ飛ばすような人でもあり、多趣味な遊び人でした。柳瀬医院は、歯医者や農業学校の先生など町の知識階級の人たちが集まるサロンみたいになり、ほとんど毎晩宴会をする家でもありました。ぼくが育ったのはそんな家です。

小学校を卒業後、ぼくは県立城東《じょうとう》中学（現高知追手前《おうてまえ》高校）に進学します。城東中はぼくが入学した時に、鉄筋コンクリートに改装されて、当時としてはモダンな校舎でした。シンボルの時計台は、現在の高知追手前高校に引き継がれています。

汽車通学で定期を見せて改札口を通るのが嬉しくてね。なんか、いっぺんに大人になったような気分でした。

そしてよくある話ですが、同じように汽車通学をしている女学生のひとりに恋をしてしまったのですね。一目惚れで、駅で会えるのが嬉しくてたまらない。遠くから見て胸をときめかせているだけですが、中学一年生というのはどうしようもありませんね。朝から晩までその女の子のことばかり考えて、まったく勉強が身につかない。困ったことになりました。

思春期というのは実に危険な年頃ですね。今から考えてみれば精神的には未熟なのだけれど、性に目覚めてしまう。健康な男子なら当然のことですが、それが勉学の妨げになります。ぼくはその頃からどんどん成績が悪くなって、学年二百人中、五十番から七十番のあたりを上下していました。

夏休みには、故郷の祖母の家に帰っていました。朝から晩までセミ捕り、水泳、山登り、トウモロコシの丸齧り、さらに卵焼きも食べ放題。おまけに読み切れないほどたくさんの雑誌。そうして楽しく遊んでばかりいて、勉強や宿題はいっさいやりませんでした。

ぼくは、この故郷の家から変名で初恋の彼女に恋文を送りました。すぐに返事がきたのですが、それはなんと彼女の父親からで「今度こんなことをしたら学校へ通告する」と書いてあったので顔面蒼白、ぼくは手紙を破って捨ててしまいました。誰にも言いませんでしたが、ぼくの初恋はそれで簡単に終わり。

でも実は、大人になってからこの彼女とは、再会しています。

マンガ家としてやっと自立した一九六八年に、小さな展覧会場で会いました。しっとりと落ち着いた人妻になっていて美しかったので、なぜかほっとしました。

「父が昔、失礼な手紙を差し上げてごめんなさい」と彼女は言いました。

その時になんと答えたのかは覚えていません。「いやあ、ムニャムニャ……」なんてごまかしたと思います。まあね、初恋なんてそんなもので、生きていればあの人もぼくと同年齢ですから、すべて夢みたいなものです。

さて、もう一度劣等生だった中学生の時代の話。

小学生から中学生にかけて最大の愛読書は雑誌の「少年倶楽部」でした。一家全員が本好き読書好きでしたから、家には「キング」、「婦人倶楽部」、「主婦之友」、「中央公論」、「婦人公論」、「改造」、「雄弁」、「面白倶楽部」、「講談倶楽部」、「富士」、「オール讀物」、「文藝春秋」、「アサヒグラフ」その他各種そろっていました。

五十銭の硬貨を握って書店へ新刊を買いに行く時には、本当に嬉しくて胸がときめきました。

新しい本の印刷インクの匂い、美しい表紙の絵、連載小説の数々。ぼくは大人になっても難しいものをまったく勉強しませんでしたが、ぼくの教養を支えたのは「面白くてためになる」をポリシーにした講談社の創業者、野間清治《のませいじ》氏の編集方針によるものだと深く感謝しています。

ぼくはもう老いてしまいましたから古風な考えかもしれませんが、現在の児童向け雑誌や番組の多くは「面白いだけで、ためにならない」ものが多いような感じがします。売れればいい、視聴率さえ高ければいい、部数が多ければいい、それでは精神的な害毒は流しっぱなしで良いのか、なんて軽いマンガ家のぼくが言っても仕方のないことですが。

ぼくは絵の好きな少年でしたから、挿絵も夢中になって見ました。挿絵の黄金時代で、天才、鬼才がずらりと渾身の力作を競い合っていました。

ぼくはチャンバラ活劇も大好きでしたが、実は抒情画にも大変魅力を感じていたのですね。抒情画というのは、本来は少女のファンが多い分野です。

抒情画とは何か？　はっきりした定義はありませんが、詩的なフィーリングを持つ美少女や美少年の絵といえば良いのでしょうか。蕗谷虹児《ふきやこうじ》が抒情画と名付けたと言われています。大正時代に活躍した竹久夢二《たけひさゆめじ》の美人画あたりから、日本独特のイラストレーションとして花開いた分野です。夢二のあと、高畠華宵《たかばたけかしょう》、蕗谷虹児、加藤まさをなど、才能ある人の活躍が続きます。ぼくはその後の須藤しげるも、松本かつぢも、中原淳一も藤田ミラノも好きでした。

抒情画は、昭和に入ってから、これまた日本独特の文化の少女漫画が盛り上がるにつれて消えていってしまいました。

冒険活劇のチャンバラから抒情画ときて、もうひとつ夢中になったのが漫画。

「少年倶楽部」には宮尾しげをの「団子串助漫遊記《だんごくしすけまんゆうき》」と田河水泡《たがわすいほう》の「目玉のチビちゃん」がありました。両方とも面白かったのです。当時の漫画は、まだ劇画ではなくて線が中心のもので、今の漫画とは全然違っています。日本に漫画が生まれ始めた頃だったのですね。

抒情画も漫画も、美術館に陳列されている立派な絵というよりも大衆芸術です。ぼくは少年の時にそういうものにとても興味を持ちました。

そうしてぼくは、マンガ家か挿絵画家か、小説家になりたいと思うようになりました。数学がまったくダメでしたが、これならなんとかなるだろう。でもいったい、どうすればいいのか?

とにかく絵に関係した学校に進学しようと思いました。

受験雑誌でいろいろ探して、東京美術学校（現東京芸術大）師範科、京都高等工芸学校（現京都工芸繊維大）、東京高等工芸学校（現千葉大）の三校にしぼって受験することにしました。ところが困ったことに入試科目には数学があったのですね。数学がダメでは入学試験を突破することは不可能です。

ぼくは困って、代数と幾何が五百題ずつある数学の問題集を買ってきて暗記することにしました。四回ぐらい繰り返すと大体暗記できます。丸暗記だから、実力はゼロです。

ところが、世の中には運というものがあるのですね。東京美術学校と京都高等工芸学校には失敗しましたが、三校のうちで一番難しいと思っていた東京高等工芸学校の試験の時に数学の問題三問に見覚えがあったのです。問題集で覚えた問題にそっくりだったのですね。ぼくは運命論者ではありませんが、正に運だったと思います。夢中で答案を書きました。

もちろん全問同じだったわけではないし、英語や国語、図案、デッサンなどもあるので半分以上はあきらめていたのですが、なんと合格。うれしかったですね。天にも昇るという気分でした。

東京高等工芸学校に合格して、東京へ

一九三七年にぼくは東京高等工芸学校に進学するために上京しました。十八

歳でした。そうやってマグレで入学したのですから、もっと勉強すれば良かったのですが、遊んでばかりいたので後悔しています。自由主義の学校でしたから、実はぼくの体質にどんぴしゃり！

さらにうれしいことに、担任の先生が、毎日机にかじりついて勉強していないで、一日に一度くらいは銀座に行きなさいと言ってくれました。

ぼくは商業美術専攻でした。商業美術は、グラフィックデザインでポスターを描いたりする分野です。デザインといわゆる美術工芸は、似ているようでまったく違うところがあります。ぼくの絵がデザインぽく、いつも無意識にレイアウトをしてしまうのは、商業美術を勉強していたからです。商業デザインはコマーシャルの世界ですから、芸術とはいえ時代の先端の空気に触れている必要があるのですね。売れなくては意味がありません。

東京は今では世界最大級の複雑な近代都市です。ぼくは長年、副都心の新宿に住んでいます。超高層ビルから夜景を見れば、未来都市として西欧の国の都市をしのいでいるかもしれません。

でもぼくが学生だった昭和初期から中期にかけて（一九三〇年代頃）は、銀座が一番先端的な町でした。銀座の町が夢幻の世界に思えたのは、田舎から出てきた十八歳の若者だったからかもしれませんが、ぼくは夢見心地で銀座の町を歩いていました。

その頃は、詩人の西条八十《さいじょうやそ》が「植えてうれしい銀座の柳」と歌った通り、柳並木が風にそよいでいました。そして、なんといっても黄昏から夜にかけての光景が良かった。キラキラはなやぐ露店をひやかしながら、銀座八丁を何度もそぞろ歩きして往復しました。

もちろん、現在の新宿の雑踏や渋谷の群衆、原宿、六本木は、昔よりもずっとにぎわっています。でもあの頃は、もっと違った夢みたいな感じがあったのですね。現実が貧しくてささやかだったからかもしれません。

人々は、昨日封切られた映画のファッションを真似て、その日のうちに銀座を歩きました。貧乏な暮らしでも、銀座に出るとなればおめかしして、男はポマードべったり。女の瞼は青く、ショートヘアで、愁いなんてどこの世界かと、都会の夜を楽しんでいました。

日本人の体型は現在ほど良くなくて、胴長短足だったのに、それでも精いっぱい背伸びして西欧文化に追いつこうとしていたのですね。今思えばいじらしいですが、その軽薄ささえも愛らしいような時代です。

ぼくは先生の教えを守って毎日銀座に出かけましたが、都会的な洗練された感覚は、努力してもなかなか身につけることができないものです。ぼくの眼から見れば、女性はほとんどみんな絶世の美女に見えました。それは錯覚だったかもしれませんが、どうせこの世は夢まぼろし。今、眼の前のことを楽しめればそれが幸福だと思います。

それでもぼくの青春は銀座にありました。学校よりもはるかに多くのことを学んだのは銀座の町です。花売娘も喫茶店のウエイトレスも、映画館の受付嬢も、みんなぼくの先生でした。

ぼくは一日も早く都会らしいシティボーイになりたいと思っていました。でも、生まれながらの素質に恵まれなくて、なかなか野暮ったさが抜けなかったのが現実です。

その頃、古本屋で一冊の本にめぐりあいました。それは、井伏鱒二《いぶせますじ》の『夜ふけと梅の花』。

ぼくはたちまち井伏鱒二のファンになり、文体を真似しました。『朽助《くちすけ》のいる谷間』や『屋根の上のサワン』、『山椒魚《さんしょううお》』、どれも心がふるえるほど感動しました。井伏鱒二の弟子だということで、太宰治《だざいおさむ》の『晩年』も読み、太宰治にも心酔しました。

ぼくは今でも彼らの長編よりも短編の作品が好きです。それは二人とも本質的には詩人だったからだと思います。井伏鱒二には『厄除け詩集』があるし、太宰治にも詩のかたちで書かれたものがあります。何より文体が詩のリズムを持っていて、それに心地よく酔いました。ぼくは二人の作家の「詩心とメルヘン」の部分に強くひかれていたのだと思います。

映画もたくさん見ました。

ほとんど手当たり次第に、B級映画もたくさん見ましたが、中でも印象に残っているのが「キングコング」と「フランケンシュタイン」と「透明人間」です。今でいえばSFの部類に入ります。SFはやはり、基本的には「詩とメルヘン」の世界に入ると思います。

ぼくは哲学や思想の高尚な本はたったの一ページも読まなかったのですが、井伏鱒二と太宰治、フランケンシュタイン、その他いろいろがごちゃごちゃになって、後にアンパンマンを書く伏線となります。

二十代・三十代は自分の将来を悩み続けていました

東京高等工芸学校の工芸図案科を卒業してすぐ、一九四一年には兵隊にとられました。そのまま戦争にまきこまれて、一九四五年の終戦は中国で迎え、なんとか帰ってきた時にはもう二十七歳でした。

とにかく稼いで生活しなくてはいけないから、高知の新聞社に一年勤めました。その後上京し、日本橋三越の宣伝部で働くことになりました。

当時の百貨店は何でもありでした。三越は老舗ですから、もともとは三井呉服店の古風な気風が残っていたのです。それでも新鮮な革新を恐れない部分があって、それが入り交じって大変面白かった。

戦後初めてのファッションショーもやっていました。そのステージでぼくは初めてサンバのダンスを見ました。何もかも新鮮！　戦争で圧殺されていたものが、いっせいに芽生えていく感じでした。

百貨店の包装紙だって新しくなりました。それまでの三越の包装紙は、紋の入ったような地味なもので、それがひとつの風格でもあったのですが、包装紙のデザインを一新しようということになり、戦後の洋画壇の花形画家、パリ帰りの猪熊弦一郎《いのくまげんいちろう》に依頼することになりました。

新しい三越の包装紙は白地に赤の抽象形を散らしたデザイン。散らした「Mitsukoshi」のロゴは、ぼくが描きました。田園調布の画伯のアトリエへ原稿をいただきに伺った日のことを昨日のように思い出します。

今でもそのデザインがそのままに残っていますが、戦争の焼け跡がくすぶる荒廃した町に、白と赤のデザインは花のように明るく目立ちました。あの包装

1951年から使用されている三越の包装紙。英文字ロゴのレタリングを描いた。

紙は、戦後包装紙を大きく変えた革命的な大傑作だと今も思っています。

戦後の漫画の世界も、これまた百花繚乱でした。漫画ブームとでもいう時代がやってきます。

漫画だけでなく、芸能界も文壇も、あらゆる分野で戦後派の新人が活躍し、目立つようになってきました。ぼくは年齢的には戦前派でしたし、時代に取り残されてしまうと焦る気持ちも出てきます。

ぼくはその頃、三越で働きながら雑誌に漫画を投稿したりしていました。仕事はさっさと終えて、会社で別の仕事をしていたのです。

サラリーマンデザイナーとして生きるべきか、やはりマンガ家を目指すのか。でもマンガ家にもいろいろあって、どの分野にも天才がいる。とてもかないません。「やなせたかしの世界」とは一体何なのか？　残念ながらこれが分からない。

分からないでいましたが、自分を追い込むつもりで「えい」とばかりに三越を辞めてしまいました。待望の自由業、半面では潜在失業者。一九五三年のことです。

とにかくフリーになってみると、朝起きても何もすることがありません。会社に行かないのだから、行くところもない。初めのうちは不安で戸惑っていましたが、グータラ生活にはすぐに慣れてしまいます。昼頃まで寝て、朝昼兼用の食事。職業欄には「マンガ家」と記入しますが、マンガ家なんてライセンスも国家試験もありません。「ぼくはマンガ家」と言ってしまえば、その日から誰でもマンガ家です。成功を決めるのは読者と世の中。そんな浮草稼業、風に吹かれる流れ旅。

落ちれば地獄の残酷世界ですが、好きで入ったのだから仕方ありません。東京の四谷に仕事場つきの小さな二階建ての家を建てて、電話も引いて「さあ、いらっしゃい」と言ってみても、無名の不流行マンガ家に仕事がくるわけもありません。

心細かったのですが、もともと気取り屋の性格ですから、心細さは表に見せず、小さな黒板を買ってスケジュールをベタベタ書き込み「忙しい、忙しい」なんていかにも売れているふりだけしていました。

それでも先輩のおかげで「漫画集団」に入れてもらい、時には実力のない新人にも仕事が回ってくる。

ランクでいえばＡＢＣＤのＤクラス、落語家でいえば前座のかけだしくらいにはきたものの、ほぼ同時にスタートした他の仲間はどんどん売れていって、背中も見えない花形になってしまいました。心の中は空っ風。でもプライドだけは高く、売り込みをしたことは一度もありません。

その頃のマンガ家は、現在のマンガ家とは違って、幅広く仕事をしていました。子ども漫画や少女漫画だけでなく、漫画ルポとか漫画インタビューで記事を書くという仕事もあったのですね。ぼくも芸能人インタビューや現地ルポなど、くる仕事はすべて引き受けてなんでもやっていました。

外国の漫画が手に入るようになったので、米国の人気マンガ家ソール・スタインベルグなんかにもショックを受けて芸術漫画を目指していましたが、本質的にミーハーだから人気歌手や映画スターに逢うのがうれしかったのですね。ルポやインタビューでもいそいそ出かけていたのです。

漫画以外にもいろいろな仕事をしていました。CMの仕事に関わったり、NHKのラジオ番組のシナリオを手伝ったり。それも自分からやりたいと言ったのではなくて、見知らぬ人がぼくにやったこともない仕事を頼んでくるのですね。

なぜ頼まれていたのか、自分では分かりません。小さい頃から相変わらずの生意気でルックスが悪く、人見知りで不器用、才能も薄くて絵が下手だったぼくですが、なぜかいつもどこからともなく不思議な人物が現れて、仕事の注文をしてはぼくを助けてくれました。

一度や二度ならともかく、あまり回数が多くなると、それが自分の運命とあきらめることになります。それに難しい仕事や未知の仕事には、好奇心と冒険心をそそられる。

そうして仕事の注文をうけて生活は困らなくなったけれども、自分の漫画はちっとも売れずに、それでも明日を夢見ていたある日の午後、びっくりするような電話がかかってきました。

「もしもし、まり子です。先日はありがとう。お願いしたいことがあるの。車回すからうちへ来てくれへんか」

甘い声は「ガード下の靴みがき」の歌が大ヒットして人気絶頂の宮城《みやぎ》まり子だったのです。宮城まり子は、当時東宝ミュージカルの大スター。それまでに一度しか会ったことがないのに「お願い」とはなんのこっちゃ？

さっぱり分からないのですが、本当に黒塗りの自家用車がやってきました。

半信半疑ですが、宮城まり子の大ファンでもあったので勇んで車に乗ってしまいました。

宮城まり子の家は、大スターの豪邸かと思えば、簡素なたたずまいでした。室内はなんとなく少女っぽい。少女時代にかなわなかった夢を集めて実現したような部屋です。

ところが本棚を見てみると、少しおじさんっぽいのですね。山本周五郎全集なんてのもありました。知性への憧れと少女の夢が、混じり合ったような風情でしたね。

その風景の中で人気女優が「ご飯でも食べよ」なんて気さくに言ってぼくらはご飯を食べたのですが、このご飯がすごい。スクランブルの卵焼きと、塩鮭と、みそ汁に漬け物。女学生の下宿のお昼ご飯みたいな献立で、鼻を突き合わせて食べるのですからすっかりやられてしまいました。ぐっと親近感が増して、この人のためなら何でもしようと思ってしまったのですね。

「ところで頼みというのは？」

「あたし、今度初めてリサイタルやるんやけど、その構成をしてほしいねん」

「はあ？　構成ってなんですか？」

「歌と踊り入れて簡単なストーリーでつなげばええんや」

「ぼくはやったことがないから」

「歌はもうできてるし、分からないところは私が教えるから」

問答は正確ではなくてもう忘れてしまいましたが、たった一回似顔絵入りのインタビューをしただけの得体のしれないマンガ家に、なぜ自分の大事な初リサイタルの構成台本を依頼したのか。いくら考えてもよく分かりません。

でも断ったのかといえば、引き受けました。『不思議の国のアリス』のパロディーみたいにして、田舎から恋人を追いかけて都会にやってきた少女が、ウサギのぬいぐるみを着たサンドイッチマンに案内され地下酒場みたいなところへ降りていく、このウサギが実は行方不明の恋人……だったかな。そんな話を書きました。一種のショートミュージカルですね。

宮城まり子は知識階級にも庶民にも人気のある人でしたが、敵もたくさんいました。某俳優が「生意気だ」と罵倒しているのを聞いたこともあります。この世界は表面的にはキラキラ華やかでも、裏へまわれば非情残酷な競争社会。これはマンガ家の世界も似たようなものです。好きで入ったこの稼業、因果だけれど仕方がない。

ぼくはそれからも彼女のステージの構成をしたり、司会をしたり、たまには巡業にくっついていって手伝ったり、すっかりまり子オタクみたいなことをやっていましたが、いろいろ学ぶことは多くありました。

宮城まり子の仕事を手伝っているうちに、エンターテインメントのショービジネスの基本は、まず目の前の客をなんとしてでも喜ばせることだと悟りました。お客さんの喜びの拍手が、自分の喜びになる。彼女はテレビにも映画にも出演していましたが、なんといっても生のステージの魅力にはかないません。

ぼくには師匠はいません。すべての人が師です。でも、一人選ぶとすれば宮城まり子かもしれません。構成も、作詞も、演出も、ぼくはみんな宮城さんに教えてもらいました。講義を受けたわけではありませんが、見て覚えました。今、目の前にいる観客のハートをつかむということでは天才的な人でした。

自分を励ますために書いた歌、「手のひらを太陽に」

テレビは今、衛星放送で何十チャンネルも見られるのが当たり前です。地上デジタルテレビ放送ではきれいな映像も見られるようになっていますが、日本で民間放送が始まったのは、まだ今からたった六十年くらい前のことです。一九五一年にラジオから始まり、そのうちに民放テレビ局が続々と開局しました。ぼくはどういうわけか、ほとんどすべての局の初期に少しずつ関係していました。

初期の中では後発の日本教育テレビ（現在のテレビ朝日）でモーニングショーのテスト版のようなニュースショーを始めることになり、ぼくは頼まれてニュースショーの構成をしました。司会は宮城まり子。そしてぼくが作詞し、作曲をいずみたくに依頼したのが「手のひらを太陽に」です。現在、ぼくが作詞した歌の中で一番よく歌われている歌で、最初に歌ったのは宮城まり子です。

その当時漫画の世界はゆるやかに変化し始めていました。超天才手塚治虫が関西から上京し、世に言う「トキワ荘伝説」が幕を開けます。日本の漫画は、戦前に活躍した「新漫画派集団」で第一回目の大変化がありました。それは先にもお話しした「漫画集団」として戦後にも引き継がれていきます。そして手塚治虫が出現したことで「ビフォアー手塚」「アフター手塚」にはっきり区別されることになるのです。漫画の世界では長編劇画が主流を占めるようになっていきます。

それまで漫画といえば線画の四コママンガが普通でした。

ぼくは戦前派ですから、劇画のことを漫画だとは思っていなかった。あれがぼくには書けないんです。その頃ぼくは四コママンガなどを発表していましたが、だんだん漫画の仕事は減ってきた。四コママンガを発表する雑誌や本がなくなって、劇画のマンガ雑誌になったのです。発表の場がないのだから、仕事としては絶望的です。

とりあえず食べていかなくちゃいけないから、ラジオやテレビの構成の仕事はしていたけど、それは本職ではないんですね。一応食っていけることはいけるんだけど、漫画の仕事はなくなっちゃった。だからどうしたらいいか分からなくなったのです。

それでもそういう時に限って、徹夜で仕事をしているんですね。なんとなくそうしないと寂しい。たいして仕事はないのに、何かやってるんだよね。そうすると寂しいから手のひらを見たりして、手のひらに懐中電灯を当てて、子どもの時のレントゲンごっこを思い出して遊んでいたら、血の色がびっくりするほど赤いんですね。本当に桜色というかきれいで見惚れてしまいました。自分は元気がなくても血は元気だな、と。だから手のひらを懐中電灯にすかしてみればというのがもともとなんだけれど、懐中電灯じゃ歌にならないから「手のひらを太陽に」になりました。あれは自分を励ます歌なんです。まさかそれが広く歌われる歌になろうとは、夢にも思いませんでした。

キャラクターがなければ存在しないのと同じ

見知らぬ人がやってきて突然仕事を頼んでいったことは、まだ他にもあります。ミュージカルの舞台装置を頼まれたり。ぼくは舞台装置なんて作ったこともなかったのに、どうして頼まれたのか今でも不思議です。

それからまたある日、見知らぬ青年がやってきて「今度ＮＨＫで『漫画学校』という番組を始めるので、先生の役で出演してください」と言いました。これまたびっくり。

ぼくは無名のマンガ家ですし、ルックスが良くなくてテレビ向きではない。先生なんてやったこともありません。自信はありません。自分でさえ漫画がよく描けなくて、どんな風に描いたらいいのか迷っているような頃です。

でも、結局引き受けてしまうのですね。

未知の世界には興味がある。

そうして「漫画学校」が始まりました。まだテレビは白黒の時代です。ＮＨＫに行ってみて驚いたのですが、タイトルは「漫画学校」だったのに、内容はクイズ番組でした。子どもが出演して、クイズをコントでやる。漫画学校の先生といっても、ぼくは単なる出題おじさんだったのですね。

この頃はテレビの構成作家もやっていましたから、ぼくがオープニングとエンディングの歌を作詞して、始まりの三分間を簡単な絵の描き方コーナーみたいにして、絵描き歌を創作しました。

今思えば出演者がそんなことをするのは少し差し出がましいのですが、テレビの夜明けの時代にはそんなことも受け入れられたのです。

番組は評判が良くて三年間続きました。ところがこれで予想しなかったことが起きてあわてることになります。番組は月曜日の六時からでした。ぼくは誰も見ていないだろうと甘く見ていたのですが、当時のNHKは地方では強力無比。NHK以外は見ない人もたくさんいる頃でしたから、旅に出ると誰でもぼくのことを知っていて騒ぐのに驚きました。

漫画は売れていないのに顔が売れてしまって恥ずかしかったですね。タレントでもないのに、行動が不自由になる。酒場では子持ちホステスが寄ってきて

「先生、うちの子どもは漫画が好きだけれど、マンガ家になれるかしら」なんて誤解していています。

何せ子ども相手の先生ですから、行動に気をつけなければいけません。電車に乗っても、船に乗っても、子どもが寄ってきます。映画館で明るくなると、どこからか子どもたちが集まってきて「漫画学校の先生だ」と騒ぐ。

そのうちぼくは、とても大事なことに気づかされました。

顔が知られてしまったぼくに、子どもたちはみんな「サインしてください」と言うのですね。ところが困ったことに、ぼくには代表的なキャラクターがない。いつもとまどいました。野球選手なら、何か分からない字でサインしてもありがたそうに見えますが、漫画学校の先生となればやっぱり目の前で絵を描いてみせる。

なんでも好きなものを描くと言ってしまうと注文がやたら難しくて、ロボット、SL、スポーツカーにカバ大王。何がなんだか分からなくて弱ってしまいます。

そうするうちに痛切に思い知ったのは、マンガ家として生きていくならば、自分のキャラクターが必要なのだということです。歌手に持ち歌があるように、誰でも知っている人気キャラクターがなければ、この世界では存在しないのと同じ。

そうは言っても、どれほど焦っても人気キャラクターは簡単に生まれるものではありません。努力だけでもできない。世界的に人気のミッキーマウスもスヌーピーも、ポパイも、一種の天運と千載一遇のチャンス、時の流れ、奇跡、すべて重なってキャラクターは誕生します。

星の数ほどあるキャラクターの中から生き残れるのはほんのわずかで、あとは宇宙の闇に消えていきます。

それは人の誕生にも似ているかもしれません。子宮をめざして泳いでいく数億の精子の中から、無事に生命として誕生するのはたった一つ。五ツ子が生まれることも時にはありますが、たいていは一つきりです。

「漫画学校」は三年続いて終わりましたが、この番組はぼくにとってもひとつの転機となりました。

それまで大人用の漫画しか描いていなかったぼくに、子ども雑誌から注文がくるようになったのです。スタインベルグやアンドレ・フランソワなど、海外のハイブローな漫画にあこがれていましたから、子どもの本は嫌だなぁと思っていたのですが、なんでも引き受けているうちに学習雑誌が多くなり、ハイブローどころか「めいろあそび」に「まちがいさがし」。交通信号を守りましょう、食事の前には手洗い、外から帰ったらうがいをして、早寝早起きしましょう。なんて、いくら頑張ってもハイブローな芸術作品は描けません。

すっかり堕落したような気分になりましたが、安くてもたくさん描けばそれなりに収入は多くなる。いつの間にか俗塵にまみれ、世界漫画に衝撃を与える漫画を描きたいと願った夢はどこへ行ったのか。

でも、これはアンパンマンにつながる重要な道になりました。

やってみると面白い――天才、手塚治虫《てづかおさむ》と必死に取り組んだ仕事

人にはみんな天職というものがあります。

ある人はパン屋さんで、ある人はお寿司屋さん、ある人は植木屋さん、ある人は学校の先生という具合で、それは人によって違っています。

ところが、ぼくは何をやらせても人に劣る。優れたところがなくて、困りました。絵本作家、マンガ家といっても、自信のある作品はなかなかできません。

ぼくのまわりの仲間は、みんなぼくよりはるかにうまい。一生そうやって終わるのかなと半分はあきらめていたところへ、思いがけずキャラクターをたくさん作る人間になってしまいました。

恩人は、天才、故手塚治虫その人です。

虫プロが日本で初めての長編アニメ「千夜一夜物語」を制作するとき、手塚治虫はぼくに美術監督とキャラクターデザインを依頼しました。これまたやったことがなかったのでためらいましたが、やってみると意外と面白い。ここでぼくは「あれ、もしかしたらこれが、自分の乏しい才能の一つかな」と、思う

ようになります。四十代になって、やっと気がついたのだから遅いですね。

手塚治虫からの電話も、ある日突然でした。

「もしもし、やなせさん。手塚治虫です。今度虫プロで長編アニメを作ることになりました。それで、みんなで相談してやなせさんにキャラクターデザインをお願いしたいのです。引き受けてもらえますか」

思いがけない電話です。手塚治虫はマンガ家集団の仲間で、顔を合わせることはありましたし、一緒に旅行したこともありました。ぼくより十歳若くてもその頃にはすでに漫画の神様に近く、名声も確立していましたが、ぼくとは世界が違う。なぜ頼まれたのかわけが分かりません。

最初は冗談の電話だと思っていたのですが、後からまた虫プロから電話がかかってきて本当だと分かり、虫プロのスタジオに週に三回通勤することになります。

監督の山本暎一《えいいち》はぼくに「イメージボードでも描いてもらえますか」と言うのですが、ぼくはアニメのことはまったく知らないから何のことやら分かりま

アニメ映画
「千夜一夜物語」
ポスター 1969年
虫プロダクション

せん。

要するにシナリオを読んでそのシーンを絵にするのですね。何枚も描いてベタベタ壁にはる。それを見ながらだんだんイメージが膨らんで、演出プランが決定します。監督も描きます。外国の場合は、イメージボードそのものが立派な絵画作品になっていることも多いです。

そうやってアニメ学校に入学した生徒みたいに教えてもらいながら給料をいただいたのは申し訳ない。そのうちにキャラクターを描くようになりました。

主役のアルディンは、フランスの俳優ジャン・ポール・ベルモンドを下敷きに。奴隷女のミリアムは、ぼくが描き慣れている手持ちのキャラクターをアジアっぽく。敵役の大臣の顔は、ぼくが好きだったデヴィッド・ニーヴンをイメージしました。

アルディンを太陽の子としてオレンジ系でまとめ、陰謀家の大臣はインディゴブルー系。顔の色までブルーです。山賊の頭目をブラックにして、片目にざっくり傷あとをつけ、その娘のマーディアは火のような性格だから、スカーレット系の赤色で統一。このマーディアの顔は、ぼくの手持ちのキャラクターをデフォルメして使いました。

キャラクターデザインというのは、劇映画のキャスティングです。美女を登場させることができるし、モンスターも自由に作りだすことができる。可能性はいくらでもありますが、失敗すると目も当てられません。

そうやって仕事を続けているうちに、ぼくは心の中で何かが弾けるような気がしました。シナリオを読んでいると、登場人物が心の中で生命ある実像となって浮かび上がってくるのです。小説を読みながら、その登場人物がなんとなく自分のイメージとして定着するのと同じことです。何の苦もなくというほどではありませんが、三十分くらいで考えついて、ラフを作ってFAXでスタジオに送る。これは業界では早い方らしい。

ぼくは、キャラクターデザインというのは、いくらか自分に向いているのではないかと思うようになりました。そうして仕事にも慣れて、虫プロ通いも楽しくなってきました。

ところで「千夜一夜物語」では、一切面倒な考証をやりませんでした。最初は調べようとしたのですが、山のように積まれた資料を見ていると、中国風に描かれているもの、西欧風、アラビヤ風、三種が入り交じっています。

えーい、面倒！　これはやなせ風でいく、とターバンの巻き方もその他も、全部自分で適当にアレンジして作ってしまいました。もし忠実に資料を調べていると、一生かかっても終わりません。

これはアンパンマンも同じで、パンの作り方などは現実のパン屋さんとはまるで違っています。

だいたい、アニメの現場では調べているヒマはありません。主要人物の設定が終わってほっとしていると次から次へと注文がきます。

「この海賊の手下の顔と服装は？」

「街角に立っている老婆は？」

「いたずら好きの妖精がコンビで出てくる、どんな妖精なの？」

自分の引きだしはもう空っぽですし、俳優の顔もほとんど使ってしまった。仕方がないのでスタッフの顔をモデルにしたりしましたが、ついにお手上げになりました。それにぼくはストーリーのないもののキャラクターを考えるのは苦手なようで、小さな役はイメージが浮かびません。

蛇島のシーンでは裸の女性が無数に出てきます。これがぼくにはどうしても描けなかった。一人ならともかく、裸女の群像は無理です。どうしようもなくそのままにしていると、このシーンだけは手塚治虫が全部描きました。キャラクターデザインも絵コンテも全部です。

ほとんどみんな同じ顔をしていて、映画の中でこのシーンだけは完全に手塚アニメーションになっています。

「千夜一夜物語」は、虫プロスタッフ二百五十人のうち百八十人が関わり、中小のアニメプロ二十社に外注し、延べ八百人が制作を手伝った大がかりな作品です。だからこの映画では統一がとれていない。

前半はともかくとして、後半はバラバラで、時々「鉄腕アトム」みたいになったりします。

「これでいいんですかね」と聞くと、監督の山本暎一はすました顔でこう言いました。

「いいんです、ごった煮の感じでつくる」

アラビヤは、東洋と西洋のアラーの神が混在していますから、ごった煮でも良かったのかもしれません。

とにかく最後の方は徹夜の連続、スタッフ全員が半死半生、体重も激減してげっそりという感じで、締切を延ばしながらようやく映画は完成しました。

それにしても手塚治虫の天才っぷりは素晴らしかった。机を並べて描いていた時には、あまりの凄さに声も出ないくらいでした。羨ましいなんて思うのも僭越で、愛らしくって魅力的。絵を描くスピードは百万馬力！　誰にも真似できません。

思いがけず「千夜一夜物語」に関わることになったために手塚治虫の素顔に触れられたのは幸運でした。それから壮絶なアニメーションの現場に関われたことも貴重な経験になりました。

映画は興行的に大成功しましたが、手塚治虫の驚くべきところは、完成した映画も手直しをしてしまうのですね。それで結局利益はゼロ。天才には本当に驚かされます。

体力と気力と才能と忍耐がなければ、映画の世界は乗り切れません。そして少数の例外を除いては、経済的にも恵まれません。天才の手塚治虫でさえも、アニメと漫画の両立というハードな作業を続けることはできず、六十歳の若さで倒れてしまいました。無念残念、口惜しい限りです。

誰にでも分かってもらえる絵を描いていきたい

ぼくはこれまでに「やなせメルヘン」をたくさん書いています。「やなせメルヘン」は、自分で名づけたのですが、小説でもなく、童話でもなく、詩でもなく、絵物語でもなく、また、それらのすべてでもあるような……。

ぼくは、絵も詩も誰にでも分かるということがとても大切だと思っています。アンパンマンがヒットするより前、ぼくは現在のサンリオから雑誌「詩とメルヘン」を創刊しました。責任編集はぼくで、表紙の絵もレイアウトもカットもインタビューもメルヘンも全部ぼくがやりました。この雑誌でぼくは若い才能を育てるためにイラストレーターの公募をしました。

選者はぼく。絵を選ぶ時には、大衆性があり、実用性があることを選ぶ条件に考えていました。一般にコンペをやるといつも通俗なものは落ちてしまう。しかし本当は「良い通俗性」というのが一番必要なはずです。少数の知識人に分かるものよりも誰でも分かる通俗的なものの質を向上させた方がいい。そう思って絵を選びました。

「詩とメルヘン」に使う絵は、詩を助けてあげる絵です。つまり詩の足りない部分を補って、見た人にこれはいいなあと思ってもらう。

美術館の奥深くにあるような絵も必要ですけど、むしろ一国の文化でいえば、普通の人が日常接する絵の質、文章の質がいいことの方がぼくは大切だと思います。

日本は今文化国家といっていますが、ぼくが見る限り大衆芸術分野があんまり良くない。どうも、もうひとつ面白くない。ですから、ぼくはそっちの方でたたかっていたつもりなのです。

「詩とメルヘン」は最初は三号でつぶれると予言されていましたが、その後三十年続き、その中で若い才能と出会ったことはぼくにとって貴重な財産になりました。

絵本『あんぱんまん』が生まれた日

そうやっていろいろな仕事をしながら五十歳を過ぎ、いよいよアンパンマンが誕生することになります。

と言っても、アンパンマンはある日突然生まれたのではありません。

アンパンマンが最初に世に出たのは、まだ四十歳の頃にラジオドラマのコントとして登場させた時でした。ラジオやテレビの仕事をたくさんやっていた時です。とにかくなんでもたたきこんでいた。この時に一回だけアンパンマンを登場させたのですが、どういう具合のものだったか、ぼくもほとんど覚えていません。

二回目に登場したのは「やなせメルヘン」の一編として大人向けに書いたもの。

このアンパンマンは、自分の顔を食べさせるのではなくて、あんパンを配るおじさんだったんです。自分でパンを焼いているから、マントには焼けこげがある。太っているし、顔もあんまりハンサムじゃありません。非常に格好の悪い正義の味方を書こうと思ったのです。正義の味方は自分の生活を守ってくれる人ではないかと思っていた。子どもから見れば、おなかをすかして泣いている時に助けてくれる、地味な正義の味方を書きたかったんです。

そしてぼくが五十四歳になった一九七三年、絵本『やさしいライオン』が好評で、フレーベル館から二冊目の絵本を書いてほしいと注文がきました。そこでぼくは「あんぱんまん」を書いたのです。幼児用に書いたから平仮名にしたので、特に平仮名に意味はありませんでした。この時、あんパンを配るよりもパンそのものが飛んでいってしまう方が面白いなと思って、自分の顔を食べさせる話にしたのです。

砂漠で疲れて動けなくなった人のところにアンパンマンがやってきて、自分の顔を食べさせます。

それまでの絵本に幼児向けの作品はなく、この『あんぱんまん』が初体験でした。幼児用の絵本らしくなくて、主人公があまりかわいらしくなく、マントもぼろぼろです。

本は大悪評でした。特に大人にはダメだった。

出版社の人には「やなせさん、こんな本はこれ一冊にしてください」と言われるし、幼稚園の先生からは、顔を食べさせるなんて残酷だと苦情がきました。

絵本の評論家には、こんなくだらない絵本は図書館に置くべきではない。現代の子どもはちっとも面白がらないはずだ、と酷評される。アンパンが空を飛ぶなんてくだらないし、今の子どもにはもっとメカを使ったりして勇ましい話でなければウケるはずがないと言われました。

作者のぼくも自信がなくて、これはダメだと思いました。

この最初の絵本でぼくが描きたかったのは、顔を食べさせて顔がなくなってしまったアンパンマンが空を飛ぶところです。

顔がないというのは、無名ということです。

顔パスという言葉がありますね。この世界は顔で通用するところがあります。政治家もそうだし、タレントもそう。自分の顔を売って、それで生活するところがあります。顔売り商売ですから、プライバシーがないと騒ぐのは間違っている。顔を売った以上はプライバシーは失います。覚悟しなくてはいけません。

普通の人は無名です。顔は知られていません。

顔がなくなってしまったアンパンマンは、エネルギーを失って失速します。ぼくはこの部分が描きたかったのです。

でも、不評でしたから、しばらくアンパンマンを描く機会がありませんでした。その代わりほかの作品をどんどん書いていました。『いねむりおじさん』や最初にお話しした『チリンのすず』などの絵本をたくさん創作しました。

でも、アンパンマンへの愛着はなぜか残っていて、自分が編集長をしていた雑誌「詩とメルヘン」に大人向けの『熱血メルヘン怪傑アンパンマン』の連載を始めました。

物語のはじまりは、嵐の夜にアンパンマンが登場するシーンです。これは映画「フランケンシュタイン」が下敷きになっています。そして、もうひとつ、メーテルリンクの『青い鳥』も重なっています。『青い鳥』の中で、チルチルとミチルが帽子のダイヤモンドをまわすといろんな妖精が登場するところがあります。それがぼくには面白くてたまらなかった。光の精や水の精はいかにもという感じでしたが、パンの精というのも出てきてびっくりしたのですね。

このパンの精が幼児体験としてインプットされて、フランケンシュタインと合体してアンパンマンになったのだと思います。

でも、後から書いた漫画のアンパンマンはちょっと違っていて、生命の星がブラックホールから逆に飛び出して、ジャムおじさんの工場の煙突に飛び込みます。アニメ版の誕生は、この漫画の方のストーリーから作りました。

いずれにしても超自然の力が偶然に作用して、アンパンマンに生命が宿ります。

最初に平仮名で書いていた「あんぱんまん」をなぜ片仮名にしたかというと、ぼくの子どもの頃のパン屋さんは全部「パン」で、それが強烈に記憶されていたのですね。「ぱん」だと「まんじゅう」という食感の気がします。

アンパンは日本人が発明したものです。いかにも日本的で、かたちもいいし、ファストフードにもなればスナックみたいにも使える。おやつになります。ぼくは子どもの時にアンパンが好きでした。そうやってアンパンマンが誕生しました。

一九七三年に最初の絵本『あんぱんまん』が出版されてから、約五年が過ぎました。表面的には変化なし。けれども目に見えないところで何かが動く気配がありました。

ある日近所のカメラ店にフィルムの現像を出しに行くと、店の主人が言いました。

「先生、うちの坊主があんぱんまんが好きでね。毎晩読んでくれというもんだから、私までおぼえちゃったよ。子どもは気に入ると何度でも読めって言うんだね」

これが最初の予兆でした。へえ、とぼくは思いました。出版社では評判が悪かったし、ぼくもみんな見向きもしないと思ってた。

でもそれから、似たような話をあちこちで聞くことになりました。幼稚園や保育園では人気で、図書館では『あんぱんまん』がいつも貸し出し中。新刊を入れてもすぐにボロボロになるというのです。

ぼくはえらいことになったと思いました。

アンパンマンを最初に認めたのは三歳から五歳の幼児です。この世に生まれたばかりで、まだ文字をあまり読めず、言葉もおぼつかない赤ちゃんです。なんの先入観もなく、欲もなく、すべての権威を否定する、純真無垢な魂を持った赤ちゃんは、冷酷無比の批評家です。

幼児は気に入らない絵本は放り投げます。絵本評論家が難しい理論を言っても通じません。好きか嫌いか、明確に判定します。しかも今年の幼児と来年の幼児は違う。たえず入れ替わっています。

この読者に対して、大人はどうすればよいのか。甘い赤ちゃん言葉で「かわいいウサちゃん」くらいのところでお茶をにごしているのではないか。

アンパンマンがなぜウケるのか、今でもぼくには分かりません。でもぼくは真剣に考えるようになりました。そして自分のメッセージをしっかり入れることにしました。

「正義とは何か。傷つくことなしには正義は行えない」

その頃、絵本はどんどん芸術的になっていました。若い女性に人気が出て、絵本作家になりたい志望者が増えたり、絵本の学校ができたり、大学に絵本研究会ができたりした頃です。

ステージの反応でばいきんまんが誕生

仕事が増えて収入も増え、世間的には無名でもまずまずの暮らしぶり。

そう感じ始めた頃、友人のいずみたくが「アンパンマンをミュージカルにしよう」と言い出したのであきれました。

一九七六年、六本木の地下劇場で最初の熱血メルヘン「怪傑アンパンマン」を上演。脚本はぼくです。子ども向けではなく大人向けのミュージカルです。

ところが、ぼくはこの舞台で重大な発見をしました。

「そうか、アンパンマンにはあれが欠けている！」

あれとは何か？

当時、悪役は普通の人間でした。舞台を見ていると、普通の人間ではアンパンマンの相手役としてはパンチが不足していたのです。もっとハッキリした悪役が必要だと気づきました。

さて、悪役をどうするか。

アンパンマンは食品です。食品の敵はばい菌だということで、ばいきんまんを思いつきました。でも、現実のばい菌は目に見えません。視覚化するにはどうすればいいのか。

考えてすぐに、黒い蠅をベースに、歯をむき出して笑っている感じにすることにしました。最初の頃のばいきんまんは、やせて羽が大きく、角には毛が生えていました。今は進化して、羽はすっかり退化しています（これはUFOに乗るので羽が不要になったからです）。

ばいきんまんが登場すると、ドラマがぐっとひきしまりました。

こうしてアンパンマン対ばいきんまんという基本パターンが生まれることに

なりました。それはステージで直接お客さんの反応を見ていたから気づいたことです。だからぼくは、今でもステージを大事に考えています。

ステージの仕事をしたいと自分で望んだわけではないのに、いつもステージの仕事に関わっていたのはなぜでしょうね。とにかくアンパンマンも世間に認知される以前から各地で上演されていて、今思えば、その中で実験を繰り返していました。昼と夜、土地、観客の年齢、職業によって反応はすべて違っています。

絵本の仕事は印刷媒体を通じてですから、読者の反応を知るまでに時間がかかります。でもステージではその場で瞬間的に分かります。ウケるかウケないか。どこで泣くのか笑うのか。まったく予想していなかったところでウケて、びっくりすることもあります。

例えばばいきんまんが「ハヒフヘホー」と言うと満場大笑い。特に子どもが笑い転げます。これは面白いと思って「ガギグゲゴー」とか「ラリルレロー」とかやってみましたが、シーンとしてまったく反応なし。「ハヒフヘホー」だけがウケるのです。

それではいきんまんの笑いは「ハヒフヘホー」で決まり！　これはまだテレビアニメ化される前のお話です。

そうやって悪役が登場すると、今度は知的な二枚目も必要になりました。よくできたドラマは、必ずキャスティングがしっかりしています。アメリカ映画の「風と共に去りぬ」はキャラクターがくっきりできている、ひとつの模範例です。主役のスカーレット・オハラは美人でわがままで強気で相当嫌な性格。それでも女優はみんなやりたがります。アンパンマンでいえばドキンちゃんですね。

おとなしいメラニーはバタコさんで、知的な二枚目でしょくぱんまんを登場させる時にはアシュレーでいこう、とすぐに思いました。

白いマントに白い服、赤いベルトで気取っています。詩集を読んだりしています。しょくぱんまんカーを運転して給食の仕事をしている。レット・バトラーは、強いていえば「アンパンマンとばいきんまんを足して二で割る」でしょうか。でも少し違う気もします。

そういうわけで「風と共に去りぬ」は意識して参考にしました。ユニークで魅力のあるキャラクターができれば、それで七〇パーセントは決定です。作者は、キャラクターの後を追いかけていくだけでいい。

キャラクターが良ければ物語は面白くなる

キャラクターを考えるのは、とても難しいですよ。みなさんもやってみると分かると思います。我々はみんな似たような顔をしていますね。目が二つ、鼻が一つ、口が一つ。違うといってもせいぜい数ミリメートルの位置の違いで、五センチメートルも違うということはないんですね。でもみんな違う。

アンパンマンのキャラクターは、最初は食べ物だけにしようとしていたのだけど、だんだんそれだけでは間に合わなくなってしまいました。今では食べ物以外のキャラクターもたくさんいて、全部合わせると二千を超えています。

キャラクターを作る時に、動物を擬人化してしまえば個性を作るのはやさしいんです。犬と猫、馬は明らかに違いますから、簡単に描き分けることができる。

しかし何十人の人間の個性を絵で描き分けるのはとても難しいんです。ぼくの絵にはぼくの個性がありますから、ぼくが描く絵は目が似ていたり、どこか「やなせタッチ」になります。

ましてや、これが美女を描くとなるとさらに難しい。自分の好きな女性の顔がありますから、あまり変化させにくくて、恋人とか近親の人に似てしまうんですね。

他のアニメを見ていても、美女の顔はあまりうまくないように思います。人形みたいにパターン化している。ディズニーでさえそうです。

アンパンマンの中には、美少女が相当数登場しているんですよ。

ところでみなさんは気がついているかどうか分かりませんが、アンパンマンシリーズに出てくるキャラクターは、基本的にコンパスで描ける円にしています。

作りやすい。描きやすい。間違いがない。クレヨンしんちゃんのような変形したかたちは、なるべく使いません。

こけしは同じ基本型の上に描いていきますが、それと同じ。基本型は同じだけれど、それに違う個性を持たせていくというやり方です。これはなかなか難しいのですよ。

それからもうひとつ言うと、アンパンマンはアニメとしてはひとつの大きな挑戦をしました。普通アニメと言っているのは、動画か漫画映画のことです。アニメでは、人間よりも動物を動かす方がやさしいと言われています。ディズニーは俳優を使って動画を撮影し、それをアニメ化するという方法をとりました。

人間は人間に演じさせて、背景と動物はアニメにする。それを合成して作った映画が「メアリー・ポピンズ」です。

動物は擬人化してしゃべらせることができます。逆に、人間は漫画化することになります。こうすれば、両者は同じ画面で共演することができるのですね。

動物は動きを誇張することで面白くなります。

アンパンマンをアニメ化する時、ぼくはスタッフに言いました。

「ジャムおじさんとバタコさんは、人間のかたちをしているけれど、妖精のような存在です。その他の学校の先生や子どもたちは、みんな擬人化した動物にしてください。そうでないと、この非現実的な話には、不自然なところが出てきます。アンパンマンという架空のバーチャルランドでのみ成立するわけですから、人間らしいものは、できるだけ排除します」

ぼくは、宮崎駿《みやざきはやお》のアニメを尊敬しています。

でも、彼とはまったく別の方向で、アニメを作る上でひとつの革新を試みたいと思いました。それで指を全部省略して、げんこつのかたちにしたのです。

ディズニー映画は指が四本で作られています。指が五本ではなく四本になるだけで、アニメーターはずいぶん楽になります。四本指は静止していると不自然ですが、動いていると見ていても少しも苦になりません。

ぼくのアニメでは、犬や猫の手は、よく見れば指がわかれていますし、人間だって必要な時には、パッと五本の指になりますが、一見げんこつ風です。

こうすると人形化する時も、着ぐるみも、実に作りやすい。しかし、このことに注目する人は、誰もいません。つまり、少しも不自然でないということだと思っています。

「どうだ、楽だろう」と、ぼくはアニメーターに言いました。

「いや、助かります」が答えでした。

少し自慢話みたいになってしまいました。ごめんなさい。

さて、物語は良いキャラクターを作れば自然にできてきます。みなさんがテレビドラマやお芝居を見たり、本を読む時に、なぜそれが面白いか考えてみてください。

答えの一つはキャラクターです。キャラクターが成功している場合は面白いんです。キャラクターがうまくできれば、お話は面白くできていく。ですからキャラクターは重大なんですね。今までも名作と言われているものは、キャラクターが素晴らしいものが多いです。

池波正太郎《いけなみしょうたろう》が書いた時代小説の名作『鬼平犯科帳《おにへいはんかちょう》』だって、放火や凶悪犯を取り締まる火付盗賊改方《ひつけとうぞくあらためかた》の主人公長谷川平蔵《はせがわへいぞう》に対抗してキャラクターが動き始める。全部で百三十五作も続いています。そうしてお話ができていくということなんですね。

「面白い」には怖さも必要だ

作家というのは、一体どういう職業なのでしょうか。

ぼくは『千夜一夜物語（＝アラビアンナイト）』の中に作家の本質として大切なメッセージが入っていると思います。

手塚治虫の長編アニメ「千夜一夜物語」でキャラクターデザインをしたことはお話ししましたが、ぼくはほかにもCDにつける解説絵本『シェエラザード』などでも「千夜一夜物語」の仕事をしています。

『千夜一夜物語』はどういう話か分かりますか？　アリババと40人の盗賊や青いランプの魔人の話が有名ですが、これは物語のほんの一部。実はとても長い話で、一番最初の部分では、女性不信に陥った王様が次から次へと女性を殺していくんですね。その王様が二人の姉妹から千夜にわたってお話を聞くというのが全体の物語です。

姉妹はお話が上手で、王様は昨日の話よりも今日の話の方が面白い、次の話の方がもっと面白いと聞き続けているうちに千夜が過ぎ、最後には王子まで生まれているのです。

これはどういうことかというと、作家は大衆を飽きさせないようにしないと殺される。絶えず前よりも面白い話をしないと王様に殺されて死んでしまうということなのです。構成をしたのは誰なのか分かりませんが、作家という職業の本質が織り込まれている。うまくできてるんだよね。

ちなみにアラビアンナイトは、姉妹が語り手ですから、語り手は二人いるんですね。どうも片方が王様に「面白いから明日も聞きましょう」なんてそのかして、二人が入れ替わっているのじゃないか。毎日朝までお話ししているのに最後に子どもが生まれているのはなぜなのかという謎もあるのがぼくはとても面白いと思っています。

女性が語るお話自体はどれもこれも面白くて、それぞれのお話にはアンデルセンやいろんな人が影響を受けています。

面白い話をするといっても、何を話せば面白がってもらえるのか、相手のことはよく分からないですよね。

ぼくは、作家として、ぼくが面白がって作った話は、同じ人間だから相手も面白がってくれるかなと思いながらやっています。

面白いというのは難しい部分があって、単に面白がらせようと思うとダメなんですね。ちょっと悲しい部分を入れないとうまくいきません。料理と同じで、全部砂糖じゃできないんです。ちょっと塩も入れたり、辛い部分やすっぱい部分もあっておいしくなるわけ。

今度の話はうんと面白くしようというので、面白おかしいことばっかりにすると、あんまりおかしくならないんですね。ちょっと悲しいシーンを入れるとおかしい部分が生きて、気持ちよく笑える。

悲劇を書こうとするなら、喜劇を書けばいい、喜劇を書こうとすると悲劇を書けばいい。尻餅ついて転んだというのは喜劇だけど、転んだ本人にとっては悲劇なんですね。崖から落ちたシーンで死んでしまうと悲劇だけど、途中で助かったりすると面白い話になる。

面白さというのは、恐怖とかそういうものと紙一重のところにあります。パラシュートでいきなり空から下りた場合、地上に下りると笑ってしまうのだと聞いたこともあります。無事に着くと笑うんですね。ジェットコースターもそうです。

だから、アンパンマンで新しい話を作る時にも、スタッフが今度は爆笑の作品にしましょうと言うとぼくは警戒します。大爆笑させるためにはその前に一度ホロリと泣かせないとダメです。塩味で甘さがひきたつように。

アンパンマンのキャラクターとしてぼくはホラーマンを作りました。ホラーマンは、レギュラーに定着しましたね。

恐怖は、実はエンターテインメントです。人間は怖いことも好きで、お化け屋敷やホラー映画も好きです。血も凍る恐怖なんていうのがキャッチコピーになる映画なんて、血が凍ったら大変だと思いますが、わざわざお金を払って血を凍らせに行く。

がい骨は昔から定番のホラーのスターですから、ホラーマンはがい骨です。ホラーというのは、昔からナンセンスとも背中合わせです。

お笑い三人組のどんぶりトリオの笑いは、言ってみれば吉本のお笑いに近いものですが、ホラーマンが出ると、ナンセンスの影が濃くなります。ホラーマンはニヒリスティックですが、純な奴。永遠にドキンちゃんには好きになってもらえないのに、純真な一筋の恋情を貫き通しています。がい骨のくせに、ぽっと頬が紅くなったりしてね。身体はほんの少しの衝撃でもバラバラになってしまいますが、すぐ、組み立てて原型にかえる。ときに、顔が逆にくっついたりもします。そうやってアンパンマンでは面白おかしいものと恐怖を混ぜています。

コンサートをやるにも、ロック調の曲があると次はスローの曲というように歌の並べ方を考えないと、絶えずガンガンやるとか、ずっとスローな曲だと飽きちゃう。適当に神経を刺激しながらでないと飽きてしまうのですね。

理屈は分かってるんだけど、実際にやるのはなかなか難しい。微妙なところで違っちゃうんだよね。

喜劇なんてのは完全に間の芸です。ぼくは三木のり平の舞台を見た時に、おかしくておなかがよじれて、涙が出て、止まらないんですね。それが、のり平さんが病欠で代わりの人が同じことをやっているのを見ると、ちっとも面白くなくて笑えないんです。ほんのちょっとした間なんですね。それが難しい、教えられない。

劇評家だって、あのシーンで一瞬振り返ったのが良かったなんて書きますね、そうすると役者は意識しちゃってもう間が崩れてしまう。１、２、３で振り返れとか、上を見てからこうする、とかいろんなことを言うんだけど、役者には分からない。なんともいえない微妙なところでピタンとうまくいくんですよ。芝居は一ヶ月くらいやるから、うまくいく時といかない時がある。初日、三日目、楽日があると、中間はだれてしまうといいます。

最初は緊張しているので一生懸命やるけどだんだん慣れてしまう。それがステージの面白さでもあるのですけれどね。

食事をするにしても絶えずごちそうを食べていればいいかというと、そうではない。どんなごちそうを食べても飽きてしまうので、たまには梅干しを食べたりして、お粥だけがいいとか、それでリズムがあっておいしくなるんですね。

花火は消えるから美しい？

ぼくら作家は、絵本を書けばそれがずっと後まで残ります。失敗した、嫌だなと思っても作ったものは消えません。

舞台の芝居を見てどんなに素晴らしいと思っても、それは一瞬の芸で、消えていく。それを定着させるのは映画や映像だけれど、ステージをビデオで撮ってみても違うんだよね。生のものがどうしても出ない、その場にいないと味わえないというものがあるんです。

遊びの中で言えば、積み木がそうですね。積み木で作る建物は永遠ではない。ぼくらが積み木遊びをする時は、接着剤で絶対につぶれないように遊ぶのではない。積み木は積んだら壊して、壊したらまた積む。積み木の城は、そういう永遠のものではないという宿命を持っているんですね。永遠のものだったら接着剤でくっつけてキッチリしなくちゃいけないんだけど、そうすると積み木の面白さは何もなくなっちゃう。

つまり、積み木を積んで、崩れないでそのままいるというところが面白いんでね、ちょっとつつけば壊れてしまうんですね。それをまた積み直す、また別の形にするというのが積み木の本来なんですね。

世の中には、絶えず作っては壊す美しさというものもあるんです。永遠に崩れないものを作る場合もあるけど、たとえば砂の塔とかさっぽろ雪まつりのいろんな造形物も融けたりして必ずなくなる。なくなるけどまた作るんだよね。

それから瞬間に見るものもある。花火だったら一瞬で消えてしまうんだけど、それに命かけて一生懸命やってる人もいます。

紀元前からずっと残っている古い建物や芸術もあるし、瞬間でその時に消えていくものもある。積み木は崩れるというルールがあるものです。だから永遠に積み木がくっついて残っていると、それは気持ちが悪いというか、積み木ではなくもう別のものになってしまう。

消えていく美しさというものもあります。花は全部散らなければいいかというと、桜の散り際はきれいだし、散るからこそきれいだということもある。

きれいな花を永遠に見たいからといって全部造花にして作ればいいかというと、造花だけではダメなのですね。造花をどんなにきれいに作ってもハチはこない。

つまりこの世の中は、非常に長い風雪に耐えていくものと消えていくもの、ある瞬間を楽しむもの、いろいろあるんです。

両方とも長所と短所があるんで、どっちがいいとは言えない。美しい花火を見て瞬間喜ぶことはあっても、花火がずっと空にはりついていたらきれいと思った喜びは飽きちゃうんじゃない？　もう消してくれと思うと思います。

第3章

正義の戦い方

相手を殺してしまってはいけない

アンパンマンはスーパーマンです。ヒーローだから、いつも悪に向かって戦わなくちゃならない。だけれどアンパンマンには弱点がたくさんあります。もともと食べ物だから汚いものが苦手で「かびるんるん」には弱いですし、顔が雪や水に少しぬれてもすぐに「力が出ない」と情けなくダウンしてしまいます。史上最弱のスーパーマンかもしれませんね。得意技のアンパンチだって、敵のばいきんまんを殺すことはありません。ばいきんまんは死ぬのではなくて、自分の家に帰ってしまうだけですね。アンパンマンは、ばいきんまんが死なないように殴っている。アンパンチは、相手をボカボカに殴るのも悪いので一発でポカーンとやってしまおう、アンパンだからアンパンチと簡単に作っちゃった技です。

ばいきんまんだってやたらにふんづけたり「最後だ、とどめだ！」とかやっているけど、アンパンマンが死ぬことはない。あれもわざと外してやってるんじゃないかと思います。本当にあんなのでゴンとやれば死んでしまいます。でもアンパンマンはへこむ程度で終わるんだよね。本当にはやられないように手加減しているのじゃないかな。そういうことで、アンパンマンとばいきんまんは戦ってはいるけれど、ある部分は仲良しがじゃれ合っているというところもある。ばいきんまんは、やられても次の週になると平気な顔で出てきます。

現実の世界でもばい菌にやられると病気になってしまいますので、排除はしなくちゃいけないのだけど、相手を殺してしまう必要はないということなんだよね。

これはどういうことかというと、人間の最大の敵はばい菌なんです。みなさんのおなかの中、口の中にはばい菌がたくさんいる。例えばインフルエンザにかからないように予防注射をしますね。抗生物質が発見されると、インフルエンザは治るようになります。でも抗生物質を使うと、今度は抗体を持った新型のばい菌が出てきて、それまでの薬がきかなくなってしまう。そうするとこちらはまた対抗する薬を作っていく。それに対抗して新型菌が出てくる。新型には今までの注射はきかなくて……と、この戦いは永遠に続いていくのです。アンパンマン対ばいきんまんの戦いと同じです。

それから、酵母菌のようにパンを作るのに必要な菌もあるし、納豆菌、乳酸菌、有用善玉菌もたくさんある。ばい菌はいろいろです。

残念ながらそれが健康な社会なんですね。ばい菌が絶滅すると、人間も絶滅する。絶えず両方が拮抗して戦っているというのが健康なんです。何人かは負けて死んでいくけれど、それも仕方がないんだよね、たとえ人間が善人ばかりだとしても、増えすぎちゃダメなんです。気の毒だけどそうなんです。誰一人死なないとなると、バランスが崩れて大変なことになる。

必要悪という言葉がありますね。つまり光がなければ影もないし、影がなければ光もない。

絵を描く時にも光を描きたければ影を描けなくちゃいけない。新印象派のフランス画家、スーラはそれが非常にうまい作家です。デッサンを見るとよく分かりますが、影の部分が非常にうまいんですね。だから光を描ける。

とにかく全部善良というわけにはいかなくて、必ず敵対するものがある。そのバランスが良くとれている時が健康な社会です。

人間も増えすぎて困る部分があります。宇宙の中で考えれば、人間の数は少し多くなり過ぎて、限界を超える時がくるかもしれません。でも、だからといって戦争をやるにしても、昔のようにチャンバラやって何人か死ぬという程度でやめておかないと、原爆を投下するようなことをしてはいけない。ああいうことをやると全滅します。完全にバランスが崩れてしまいます。だから、ああいうことはやっちゃいけない。

正義でいばってるやつは嘘くさい

アンパンマンは戦っていて怖くないのですか、と聞かれることがあります。アンパンマンも怖い時があるんじゃないかと思います。アンパンマンはヒーローの役をやらなくちゃいけないので、自分から怖いとは言えないんじゃないかな。ヒーローは大変なんですよ。

それから他のキャラクターはいろいろ食べたりするけれど、アンパンマンは泣かないし何も食べない。なぜかと言われてもなんとも言えないですけどね。それから、ばいきんまんやドキンちゃんは、いつも自慢ばっかりしていますが、アンパンマンは「ぼくはすごいんだ」とか「ぼくはエライ」とか自慢しない。慎ましいですよ。

正義は勝ったと言っていばってるやつは嘘くさいんです。

正義を行う人は非常に強い人かというと、そうではないんですね。我々と同じ弱い人なんです。でも、もし今、すぐそこで人が死のうとしているのを見かけたら、助けるためについ飛び込んでしまう。ちっとも強くはない普通の人であっても、その時にはやむにやまれぬという気持ちになる。そういうものだと思います。

火事で子どもが焼け死にそうになっているのを見れば、その子のお母さんは周りの人が止めても聞かずに飛び込んでいきますね。お母さんは必ずしも強い人ではなく、弱いお母さんだって子どもを助けなければいけない時にはそうなる。代わりに自分が死んじゃうかもしれないけどやる。

「アンパンマンのマーチ」の中に、

愛と勇気だけがともだちさ

という歌詞があります。それで抗議がきたことがあるんだけど。これは、戦う時は友達をまきこんじゃいけない、戦う時は自分一人だと思わなくちゃいけないんだということなんです。お前も一緒に行けと道連れをつくるのは良くないんですね。無理矢理ついてくるなら仕方ないけどね。

横断歩道もみんなでわたれば怖くない、悪いことをする時にも群衆でやれば怖くないというのがあるけど、責任は自分で負うという覚悟が必要なんだということなんです。

ぼくは阪神・淡路大震災の時にある奥さんの話を聞いて感動したことがあります。地震の時に奥さんはひとりだけ家の下敷きになって、夫に向かって「私のことはいいです。あなたはもう行ってください」と言うんだよね。火の手は迫ってきているんです。その奥さんを助けるためには、夫まで一緒に火にまきこまれるしかない。

最終的に、夫はその奥さんを見捨てて行っちゃうんだけど、ぼくはもし自分が奥さんの立場だったらあんなふうには言えないなと思いました。

あれはひとつの愛なんだよね。あなただけでも助かって、と言ってそのまま自分は死んでしまうというのが阪神・淡路大震災の時に実際にあったんです。

愛って何か。

アンパンマンは時々、自分の悪口を言う相手のことを助けることがあります。アンパンマンはヒーローだから、それをねたんで悪口を言うのがいるんだね。悪口を言っているのをアンパンマンは知っているのか知らないのか分からないけれど、彼等が困っている時にはアンパンマンは助けます。「悪口言ったぼくを助けてくれるの?」と聞かれても「気にしないで。誰にだって失敗はあるんだから」と言う。

それはアンパンマンの愛が大きいから言えることなんだね。そういう大きな愛は親子とか兄弟の中にいつもあると思いますよ。

それから、何かを決断する時、何かをやろうとする時には必ず勇気が必要です。スポーツでも仕事でもみんな必要。おびえていると何もできません。

勇気は目に見えません。ぼくは勇気ってなんだろうと思った時に勇気リンリンというくらいだから鈴の形をしてるのかな、リンリンは鈴の音と同じだと思って、「アンパンマン」の物語ではユウキの鈴というキャラクターを作ってしまいましたけれど。アンパンマンだって勇気の花のジュースを入れないと何もできません。

線路に落ちた人を助けようとすると、助けた人は死んじゃうかもしれない。川でおぼれている子どもを助けようとすると、助けた人が死んじゃうということも非常に多い。事実、先生が子どもを助けるために川に飛び込んで子どもは助かったのに先生が死んでしまったという話もありますね。それでも飛び込むのです。

愛には、いさましさも含まれていて、勇気には、やさしさが含まれている。

死んでしまったのは、正しいことをしたからです。もし知らん顔をしていれば先生は死ななかった。そうやって自分が傷ついてもやるという気持ちがなければ、正義は行えないんです。

アンパンマンは、自分の顔を子どもに食べさせるのだから、ある面では自己犠牲です。正義を行う場合には、本人も傷つくということをある程度覚悟しないとできません。

普通の人でもヒーローになることはできます。誰でもなれると思いますよ。でもそれは、追いつめられないと分からない。自分がやむにやまれぬ立場にたった時でないとなれません。

でも、ヒーローになんてならない方がいいけどね。寂しいし、あんまりいいもんじゃない。誰かに感謝されたりもしないし。

ぼくが三越で働いていた時、みんな用事がなくても残業をしていたんですよ。当時、残業をすると手当がついて夜食も出ました。だから無理にでも残業するんですね。ぼくは定時にさっさと帰る。そうすると周りに悪く言われるんですね。みんなと一緒に居残りしなかったから。

本当は定時の間に仕事を終わらせるのが正しいんです。だらだらやって無理矢理残業するのは良くない。でも残業しないとほめられるかというと、なかなか立派だとは誰も言わないで悪口を言われる。いじめっ子をかばっても、あの野郎ひとりだけいいことやりやがってと悪口言われるのと同じですね。

社会でも同じことはあります。会社の全体で偽装をしている時に、それを摘発するとします。それは正しいことなんです。でも摘発した人はどうなるかというと、みんなにほめられるのではなく会社から左遷されたり、取引先から「あいつは余計なことを言うから危ない」と阻害されたり、あいつが言ったから会社がつぶれたと言われたりして、そうほめられやしない。本当に正しいことをしても、余計なことをされたと逆にやられてしまうことはよくあります。

自分なりに戦えばいい

だから、みんな傷つきたくないから正義なんてやらない。長いものには巻かれろと巻かれてしまうわけ。部長が言うことなら、悪いなと思っても仕方なくやってしまう。良心はやや痛むでしょうけれどもね。それで責任は取らされる。でも、それではいけないのですね。傷ついてもやらなくちゃいけない。そうしないと世の中はどんどん悪くなってしまうんですね。敢然として自分が傷つくことを恐れずやらなくちゃいけない。

ヒーローとは少し違うけれど、戦い方とか、強さ弱さっていうのは誰にでもそれぞれのやり方があると思います。

アンパンマンのキャラクターだって、みんな違いますよ。

コキンちゃんは嘘泣き名人。男は女の人に泣かれると弱いんだよね、だから嘘泣きしてだますというふうにした。でも嘘泣きする女は多いから共感をよんで今では人気のキャラクターです。切羽詰まったらわーっとやるから、みんな手を出さなくなっちゃう。コキンちゃんは泣くことで強いのかもしれませんね。

あかちゃんまんというのもいます。一番弱い者だから一番強い。あかちゃんまんは眠っていて夢の世界で冒険をします。夢の国と現実の世界を自由に往復できるのは、あかちゃんまんだけです。赤ちゃんには誰もかなわない。そういう強さもあります。

アンパンマン自身は、人が喜んだりアンパンを食べてみんなが「おいしい」と言ってくれるのが何より嬉しいんだよね。なぜかというと、それは実はぼく自身もそうだからなのです。「アンパンマンのマーチ」の中に、

なんのために　生まれて
なにをして　生きるのか

という歌詞があります。これは、ぼくの人生のテーマソングでもあります。ぼくはみんなが楽しんで喜んでくれるのが一番嬉しい。でも、すぐにそれが分かったわけではないんだよね。

自分の才能というのは、いろいろやっているうちにヒュッと、これかなぁというのが分かるものです。非常に早く自分の才能に気がつく人もいるし、ぼく

みたいに遅い人もいる。自分は何なのか、天職としてやっていくということは何なのか、ということはとても分かりにくいんですね。ぼくはナンセンスとかメルヘンとかいろいろやって、あっちもダメ、こっちもダメとやってるうちにやっと座り心地のいいところに行き着いた。

生まれながらの大天才という人だって、たまにはいます。そういう人はさして努力しなくてもやりたいことをできる。でもそんな人は滅多にいないんです。普通の人が努力しないでやろうなんて無理なんですよ。

大天才の一つ下の天才というような人もいて、そういう人ははじめから不思議な才能に恵まれています。でも長続きせずに夭折してしまう。あるいはその人が死んでからやっと世の中の人にすごさが分かる。でもあとの九九パーセントが普通の凡人ですから、凡人の中でやっていくよりしょうがないわけなんだけどね。それでもそれぞれが何かの分野でいくらかの才能はもらっているので、いくらかの才能を磨いてよくしていくしかない。

ぼくは天才ではありません。今いるマンガ家やイラストレーターの中で一番才能がないんじゃないかと思う。他の人の絵を見てみんな上手だなぁと感心するばかりで、一番だめなんだよね。

絵の成績でも一番になったことは一度もない。上手な方ではあったけれど、一番にはならなかったし、展覧会でトップになるということも一度もなかった。東京高等工芸学校に入ってもいつもダメ。マンガの世界に入ってもみんなうまくて、本当にダメ。人から下手くそと言われることはなかったけど、それは自分でだいたい分かります。はじめは上手下手が分からないけれど、自分がある程度できるようになってくると分かってくる。昔の絵を見ると実に下手なんですね。

人と何かを比べるとすると、はじめは自分がうまいと思ってやってるんだけど、実は下手なんだ。相手と比べる場合、相手と自分が同じくらいの実力だと思っていると、相手の方が少し上なんです。自分の方がちょっと上だと思うとだいたい同じくらい。自分への評価は誰でも少し甘くなるんですね。あいつは自分より上だというと、すごく上なんです。最初はそれが分からない。上も下も分からなくて、最初は自分の方がいいような気もするんです。しかし自分の技量が分かってくると、だいたい相手の方が上。

自分が進歩していないとダメなんです。進歩は必ずします。

上手な人を見ているとくやしいけど、どうしても追いつけない。がんばっても自分でどんなに血が出るような努力をしてもトップになれないという人はいるんです。

でも、トップにはトップの孤独というものがあって、トップになるのもそういいものじゃないんです。トップになると、いつか落っこちる。これはスポーツの世界でもどの世界でも同じで、次から次へと若い人がやってくる。いつか追い落とされるということがある。

それにトップになると駄作を作ることができません。みんな期待して見るから、軽く気を抜いた小品を作ることができなくなるんです。

ぼくなんかトップどころか百二十番目くらいです。でも百二十番目でもたいしたものなんですね。努力できるということもひとつの才能です。

絵を描くには天からもらった何かがないとできない。でも、それプラス努力も必要。ぼくのように天賦の才能がなく、他の人とやっても全部負けるという人は、やむをえず仕事をたくさんするより仕方がない。偶然にたくさんの仕事をするようになって、それでなんとなく追いつくことができるようになったということじゃないですか。

とにかくやり続ける

この世界は〝虚仮《こけ》の一念〟と言って、そのことばっかりやっていればなんとかはなるものです。俳優でもそう。下手くそな人が、お前はダメだと言われても一生懸命やっていると、中年を過ぎてから花が咲くこともある。若いうちに最初からどーんと出てくる人もいるし、虚仮の一念で出てくる人もいるし。分からないものです。

でも、器用で最初からできる人は後からダメになる人が多いですね。自分に才能がなくても、虚仮の一念でやっていればいつかは花が咲く。

その途中はもちろん辛いですが、どうして耐えられるかというと結局は好きなんだね。それ以外にもうできない。これもダメ、あれもダメとあちこちやっている人は結局何もつかまないで終わってしまうけれど、一筋の道をずっとやっているとなんとかなる。はじめからできる人はそんなにいません。しょっちゅうくじけるんだけど、他にやることがないんでまたやる。一筋道ですね。他に何かをやるって言っても他にやることがない。

絵本にしても他の創作にしても、そうして多くやっているとひとつのメソッドができてきます。絵本教室などで、絵本はこういう具合に書きなさいと教えたりしますね。あれではダメなんですよ。あれは基本の部分を知るだけであって、自分のやり方をできないとダメ。絵を描くのでもそうですよ、自分のメソッドが、ある時にできるわけ。

例えば油絵画家の藤田嗣治《ふじたつぐはる》は、ある時フランスに行って絵を描き始めました。でもフランス人の油絵の方がうまくてどうしてもかなわない。一生懸命考えて、画面を真っ白にぬってから日本の面相筆《めんそうふで》（眉毛・鼻の輪郭など顔の細部などを描くために使う穂先の細い筆）で油絵を描く方法を編み出したわけです。ネコの毛も一本ずつ描くというふうにやっていたら、これはフランス人にはできないというので藤田嗣治の画風ができた。東郷青児《とうごうせいじ》もそうで、画面を一度ピカピカにしちゃう。そうやって東郷メソッドというような画風ができていくわけでね。絵本も同じように自分の作り方というのができていくので、ぼくもあれやこれややっているうちにやっとやなせメソッドができてきました。

　それを見つけるのにはどうすればいいかというと、それはたくさんやるより仕方がない、いくつもいくつもやっているうちにできてくるんですね。本人独自でいろいろ開発していくわけ。真似ばっかりしていても結局ダメなんだけど、最初は真似をしていいんです。版画を彫るにも、小説を書くにも、最初は好きなやり方を真似すればいい。でもある時期に自分のメソッドに入らなくちゃいけない。

　メソッドを作る簡単な方法はなくて、やってやってやりまくっているうちにいつの間にかできてくるんですね。やなせメソッドは、誰かが真似をしてもできない自分のものなんだね。他の人のもそうですね。

自分が努力したり、友達に恵まれたり先生に恵まれたり、いろんなことで続けていく。友達になんとなく啓発される場合もあるし、それはそれぞれですが、とにかく続けていなくちゃそういうことは分からないんです。

ぼくも、宮城まり子に会ったり、ある日やってきて仕事を頼んでくれた人たちに啓発されてなんとなくやってきたという部分もあるんですね。学生時代だったら友達も大切。でも、それも自分が続けていないとダメなんだね。

好きなもの以外の武器を持て

でも、マンガ家に限らず詩人でも小説家でもそうだけど、マンガ家になりたいと思ったらマンガばっかり見てたんじゃダメなんです。他のこともなくちゃいけない。サッカーでもお料理でもなんでもいい。それが自分の武器になるんだよね。

例えばエッシャーは建築家だから絵の中に建築の知識が入る、手塚治虫はもともと医者だから医者の知識が入る。そういうものが武器になるんです。ですから、本筋以外にやっぱり何かなくちゃいけない。ぼくの場合はマンガ家だけれども詩とか童話が好きだったので、そちらの知識がある程度あるわけ。それが自分の味になっていく。

昭和の歌謡で有名な歌手の三波春夫《みなみはるお》は、もともと浪曲語りだったんですね。日本で一番上手な浪花節語《なにわぶし》りになりたいと中村吉右衛門《きちえもん》のところへ行って、日本一の浪花節語りになりたいと言うと、あなたはいつも何をやっていますか、と聞かれたんだそうです。朝から晩まで浪花節をやってると答えると「それでは、ダメですね。もしあなたが本当に浪花節をやりたいというのなら、浪花節以外の音楽とか歴史とかをやりなさい」と。それで三波春夫は歴史の勉強を始めたんです。だから彼は歴史にやたら詳しい。音楽をやっているうちに歌手になったんだけれど、浪花節の下地があるから浪花節的な歌なんだよね。そこに歴史に対する知識、音楽的素養が入って成功したということなんですよね。

歌手になるつもりじゃなかったのにそっちの方へ行っちゃった。でもそれはそれでいいんです。その時に浪花節が一つの武器になった。

何か一つ武器を持たなくちゃいけないと思います。それも自分の好きなことで。マンガ家を見ても、水島新司《みずしましんじ》は野球好きです。本人はあまり野球上手ではないけれど、野球マンガの名作『あぶさん』が生まれた。

朝から晩までマンガばっかり読んでいると、ろくな人間にはならないです。いいマンガ家にもなれません。マンガばっかりじゃなくて、何かの付加価値がなくちゃいけない。

一番良いのは学校の勉強を一生懸命して、学校の成績が良いのがいい。そしてさらにマンガ家になるのがいいです。なぜ学校の成績が良い方がいいかというと、学校の勉強は結構基礎的なことを教えるようになってるんです。だからそれをやればいいんだけど、人間は全部はできないんだよね。だから好きなものを選ぶんです。スポーツでもなんでもいい。それを選んで、それでやっていく。それが自分の武器になります。

とにかく何かをやりたいと思ったら、他の教養もつけないとダメ。一つだとそこから出られません。

　虚仮の一念もいるけれど、続けていくためには他のものが必要です。マンガ家になりたいと思ったら、純粋美術の方もよく見なくちゃならないという具合です。努力は確かに辛いところもあるけれど、辛いというのは意外と面白いところもある。結局は本人が好きだったら、それに耐えていかれます。もちろん、その途中は生やさしくはありません。趣味でやるならいいけれど、プロになるなら人の何倍かやらなくちゃいけない。

　一つは運、一つは才能、一つは努力。だから一つの運に恵まれないとやっぱりダメなんです。運をつかむためには本人が努力してなくちゃいけないということです。

正義は勝ったと言って
いばってるやつは嘘くさいんです。

第4章　ぼくが考える未来のこと

身近な人の幸せを願う

正義について、それから正義に関わるいろんなことをお話ししてきました。正義と悪の戦いなんて言わないで、本当はみんな戦わずに仲良くすればいいんだけど、世の中はなかなかそうもいかないのですね。

誰にだって良心と悪心があります。いつもは良心が悪心を抑制しているんですね、そのバランスが崩れて悪の方が強くなると悪い奴になる。みんな名誉欲があるし、異性への欲望があります。そのままだと動物と同じようにその辺に女性がいると抱きついたりするかもしれません。でもある部分で抑えているわけです。抑制しないとめちゃくちゃになって迷惑がかかるというので抑制している。そうして世界は維持されています。

人間は全体としては宇宙の中にいる、もがいたってどうしようもない存在です。宇宙時間からみれば、地球はある年齢がくると爆発する。太陽だっていつか燃え尽きてしまう。

天の何かに従って、とか言うけれど地球なんて宇宙の中の本当に一部分です。

人間なんてその中にわいている一つのばい菌みたいなくらい小さなもので、一人一人はその中で動いているにすぎない。ジタバタしても本当はしょうがないんだけど、ぼくらは生きているんで、なるべく楽に楽しく生きたい。そのために平和を守りたい。法律や国境をつくってお互いにガードしながらやっていくしかないんです。

一つはっきり言えるのは、戦争は良くないということ。

国民を統一していくには、戦争をするのが便利という時もあります。仮想敵をつくっていく方が、正義として国民の心を一つにまとめることができるわけです。政府は自分も悪いやつなんだけど、相手が悪いというのは一つの政策なんでね。

戦争は国家の意思でやるものです。その中に国民がまきこまれているわけですね。国家と殺人は全然違う。例えば日本とロシアが戦争をしたって、個人は何も相手を憎んでいるわけでもなんでもない。それが国家ということになると戦いになって国民は犠牲になるわけです。

ぼくは『さよならジャンボ』という絵本を作っています。実はこのお話は狂言の「うつぼざる」から思いついたのです。猿を象に替えて、それに戦争の悲惨なことと平和の大切さを伝えたかったのです。

ぼくはどんな理由があっても戦争は絶対にしてはいけないと思っています。しかし絵本はそんな考えは表に出さないで、むしろ面白くおかしく作りました。家来の名前はトン、チン、カン、というのです。王様は花の王冠をかぶっています。ラストシーンはハッピーエンドになっています。

戦争は絶対にいけないけれど、ぼくはそれを声高に言うつもりはありません。絵本では、みんな楽しんで面白がって読んでほしいと思う。

戦争ではなく、もっと身近な殺人だってあります。悲しい事件がたくさん起こっている。やたら簡単に人を殺すでしょう。誰でもいいから人を殺したかったなんて、ぼくには全然理解できません。なんでそんなにまで心が荒れてしまったのか、それは全然分からない。

しかし、現在そういうのが起きるというのは、一つには、マスメディアに責任があると思います。

アメリカで学校内で銃を乱射する事件がありました。あの時、銃を持った本人は得意な顔をしていました。本人がヒーローみたいな気持ちでいるんだね。ストーリーの中に入り込んじゃっているように見えました。

世の中が自由になると、ポルノが氾濫したり悲しい事件がたくさん起こる。だからといって言論の弾圧とか表現の自由を圧殺してはいけない。良識の範囲で自発的に抑制するのが一番なんですけどね。

学校で管理を厳しくすると生徒は嫌になる、うんとゆるやかにしちゃうと今度はいい方向に行くかというと行かない。これは人間の悲しさです。だからほどほどがいいんだよね。

自分の身を守るにはどうしたらいいか分からない。良識に訴えるしかない。金が儲かればいいということだけが強くなってはいけないんですね。

自分は自分の範囲でやるしかない。そういう人間が少し増えていけばいいんです。世の中には悪もある。悪の部分が少し少なくなればいい。

誰だってそう多くのことはできません。日本全体のために良いことをしようと考えてもそんなに簡単にはできない。

人を助ける場合でも十人くらいは助けられるけれど、それ以上は難しい。でも一人が十人くらい助ければ、自分の周囲だけでもというふうにすれば、そういう人が増えればいいのだと思います。

ぼくは作家ですから、作家として人のためになることを考えます。その気持ちはずっと変わっていません。

ぼくは
人が笑うのを見るのが好きだ
馬も犬も
笑っているようにみえる時もあるが
人間のように

声をたてて
涙をこぼして笑わない
人がいちばん人らしいのは
笑う時だ
だからぼくは人が人らしく
うれしそうに笑う声が好きだ
さよならだけが
人生で
最後の方はみんなおんなじ
原則的には悲愁の道
だからぼくは笑わせたい
心が軽くなるような
今が楽しくなるような
明るい笑い声を聞くのが好きだ

ところで　あなたは……。

マンガ家を目指してこの道に入り、他のマンガ家とは違う仕事をしたい、ユニークでありたいと思い続けていましたが、考えてもみない方向に進み続けてしまいました。自分でもあきれてしまうくらいです。

マンガ家なのにコミック雑誌には一度も描いたことがない、漫画の単行本もない（少部数の漫画集はあります）、絵本が約五百冊、詩集五十数冊、画集、エッセー、自伝、メルヘン集ととりとめもなく、整理したこともありません。「詩とメルヘン」の編集長もして、ぼくが育てたのはイラストレーターですから、これでマンガ家といえるのかどうかあやしい。

八十歳からは作曲を始めて、八十四歳でCDを発売して歌手デビュー。年に数回はコンサートをやっていましたから、どうも我ながらヘンですね。奇妙なことになりました。

自分でも何をしているのかと奇怪に思うことがあります。余計なことをしなければ、もっと気楽で静かに暮らせます。余分なお金も使わなくてすむ。けれども人生はお金がすべてじゃありません。

人生の楽しみの中で最大最高のものは、やはり人を喜ばせることでしょう。すべての芸術、すべての文化は人を喜ばせたいということが原点で、喜ばせごっこをしながら原則的には愛別離苦、さよならだけの寂しげな人生をごまかしながら生きているんですね。

ぼくの本を読む人、テレビを見たりコンサートに来る人には、心の底から楽しんでほしい。この世の惨苦、終わらない戦争、血まみれの惨劇、嘘つきの政治家、金権体質、すべてをぼくは憎悪するけれども、怒るよりも笑いたい。ひとときすべてを忘れていたい。

人生なんて夢だけど、夢の中にも夢はある。

悪夢よりは楽しい夢がいい。すべての人に優しくして、最後は焼き場の薄けむり。誰でもみんな同じだから焦ってみても仕方がない。そう思っています。

最後に「アンパンマンのマーチ」の全部の歌詞を紹介して正義の話を終わり

ます。
ぼくが正義という言葉に込めたい思いは、この詞の中にあります。

そうだ　うれしいんだ
生きる　よろこび
たとえ　胸の傷がいたんでも

なんのために　生まれて
なにをして　生きるのか
こたえられないなんて
そんなのは　いやだ！
今を生きる　ことで
熱い　こころ　燃える

だから　君は　いくんだ
ほほえんで

そうだ　うれしいんだ
生きる　よろこび
たとえ　胸の傷がいたんでも
ああ　アンパンマン
やさしい　君は
いけ！　みんなの夢　まもるため

なにが君の　しあわせ
なにをして　よろこぶ
わからないまま　おわる
そんなのは　いやだ！

忘れないで　夢を
こぼさないで　涙
だから　君は　とぶんだ
どこまでも
そうだ　おそれないで
みんなのために
愛と　勇気だけが　ともだちさ
ああ　アンパンマン
やさしい　君は
いけ！　みんなの夢　まもるため

時は　はやく　すぎる
光る　星は　消える
だから　君は　いくんだ